सरल हिन्दी व्याकरण
और
रचना

श्यामचन्द्र कपूर

विद्या विहार, नई दिल्ली

प्रकाशक : **विद्या विहार**
19, संत विहार (पहली मंजिल) गली नं. 2, अंसारी रोड, नई दिल्ली–11000
 / संस्करण : 2023 / मूल्य : दो सौ पच्चीस रुप
मुद्रक : नरुला प्रिंटर्स, दिल्ली ISBN 978-93-86871-33-

SARAL HINDI VYAKARAN
by Shri Shyam Chandra kapoor ₹ 225.0
Published by VIDYA VIHAR, 19, Sant Vihar (First Floor),
Street No.2, Ansari Road, New Delhi-2

भूमिका

हम अपने विचारों को भाषा के माध्यम से ही प्रकट करते हैं। किंतु उन्हें सही और शुद्ध रूप में प्रस्तुत करने के लिए उस भाषा के सम्यक् ज्ञान की आवश्यकता होती है, जो भाषा के व्याकरण की जानकारी के बिना असंभव है। अत: किसी भाषा के सही प्रयोग के लिए उस भाषा का व्याकरण जानना परमावश्यक है।

भारत की राष्ट्रभाषा हिन्दी है। यह भारत के विशाल क्षेत्र में बोली और लिखी-पढ़ी जाती है। प्रस्तुत पुस्तक माध्यमिक कक्षाओं के विद्यार्थियों को सही प्रकार से हिन्दी भाषा लिखने, पढ़ने और समझने में सहायता करने के उद्देश्य से लिखी गई है। इसमें हिन्दी भाषा के व्याकरण सम्बन्धी सभी मुख्य नियमों को, उक्त कक्षाओं के स्तर को ध्यान में रखते हुए, सरलता से प्रस्तुत करने का प्रयास किया गया है। व्याकरण के प्रत्येक अंग का बोध कराने के लिए पहले उसके कुछ उदाहरण दिए गए हैं और फिर उस विषय का भाव हृदयंगम करने के लिए उसकी संक्षिप्त व सरल परिभाषाएं दी गई हैं। उदाहरण के वाक्य भी दैनिक व्यवहार की भाषा से लिए गए हैं।

शुद्ध उच्चारण का ज्ञान कराने की दृष्टि से संस्कृत के आधार पर प्रारंभ में ही अक्षरों के उच्चारण व प्रयत्न का अध्याय रखा गया है। व्याकरण के सामान्य पद-परिचय के अतिरिक्त शब्द-भंडार वृद्धि के लिए, शब्दों के सूक्ष्म ज्ञान और सही अर्थ में प्रयोग करने के लिए सन्धि, समास, पर्यायवाची व विलोम शब्द आदि के कई उपयोगी अध्याय इस

पुस्तक में दिए गए हैं । बोलचाल की भाषा में प्रयुक्त होने वाले मुहावरों को सोदाहरण देकर पुस्तक को और भी उपादेय बनाया गया है ।

हिन्दी भाषा का सही प्रयोग जानने के इच्छुक किशोरमति छात्रों तथा अन्य प्रारंभिक अध्येताओं को यह पुस्तक यदि कुछ भी उपयोगी हो सकी तो मैं अपना प्रयत्न सफल समझूंगा ।

—लेखक

अनुक्रम

1
विषय-प्रवेश

वाक्य

दिल्ली भारत की राजधानी है।

यह यमुना नदी के दायें किनारे पर बसी हुई है।

दिल्ली भारतीय रेलवे का एक बहुत बड़ा केन्द्र है।

दिल्ली में दूर-दूर सैकड़ों बस्तियां बसी हुई हैं।

ऊपर लिखी चार पंक्तियों को बोलने या लिखने से पूरा-पूरा आशय प्रकट होता है। अतएव कहा जा सकता है कि प्रत्येक पंक्ति एक पूरा वाक्य है। क्योंकि—

परिभाषा—जिस शब्द-समूह से बोलने या लिखने वाले का पूरा अभिप्राय प्रकट हो, उसे वाक्य कहते हैं।

शब्द

राम, सीता और लक्ष्मण वन को गये।

कृष्ण ने दुष्ट कंस को मारा।

प्रयाग 'तीर्थराज' कहलाता है।

भारत में सैकड़ों दर्शनीय स्थान हैं।

मैं अपना काम कर चुका हूं।

ऊपर के पांच वाक्यों में अलग-अलग कई टुकड़े हैं। जैसे—1. राम 2. सीता 3. लक्ष्मण 4. वन को 5. गये। ये पृथक्-

पृथक् टुकड़े शब्द कहलाते हैं। क्योंकि—

परिभाषा—वर्णों के सार्थक समूह को शब्द कहते हैं।

जैसे—1. राम, 2. सीता, 3. लक्ष्मण, 4. वन को, 5. जाते हैं—ये वर्ण-समूह हैं और सार्थक हैं, इसलिए ये शब्द हैं।

वर्ण

राम, कृष्ण, प्रयाग, भारत, स्थान, मारा था।

ये कई शब्द हैं। इन्हें शब्द इसलिए कहते हैं कि ये वर्ण-समूह हैं अर्थात् कई वर्णों से बने हैं और साथ ही इनका अर्थ है। अर्थात् ये सार्थक हैं। ये किन-किन वर्णों से बने हैं? देखिए—

र्+आ+म्+अ। (राम)
क्+ऋ+ष्+ण्+अ। (कृष्ण)
प्+र्+अ+य्+आ+ग्+अ। (प्रयाग)
भ्+आ+र्+अ+त्+अ। (भारत)
स्+थ्+आ+न्+अ। (स्थान)
म्+आ+र्+आ। (मारा)

परिभाषा—प्रत्येक छोटी-से-छोटी ध्वनि को वर्ण कहते हैं।

अ, इ, उ, ऊ, क्, ख्, च्, त्, य् इत्यादि ये सब स्वतन्त्र ध्वनियां हैं। इनके और टुकड़े नहीं हो सकते, अतः इन्हें **वर्ण** कहा जाता है।

भाषा

अध्यापक ज़ी ने सतीश से कविता सुनाने को कहा। सतीश ने सुमित्रानन्दन पन्त की 'छाया' नामक कविता सुनाई। कविता सुनकर सभी छात्र बहुत प्रसन्न हुए।

ऊपर वाक्यों का एक समूह है। इससे सुनाने वाला अपने

मन के भाव प्रकट कर रहा है। वे भाव सुनने वाले की ठीक-ठीक समझ में आते हैं।

इस प्रकार अपने विचारों को प्रकट करने का साधन ही भाषा है।

परिभाषा—भाषा वह साधन है जिसके वाक्यों द्वारा हम बोलकर या लिखकर अपने मन के विचार प्रकट करते हैं।

विश्व में अनेक भाषाएं हैं। भारत में भी अनेक भाषाएं हैं। उनमें से सोलह भाषाएं भारत के संविधान द्वारा मान्यता प्राप्त कर चुकी हैं। उनके नाम हैं—

1. हिन्दी, 2. कश्मीरी, 3. डोगरी, 4. उर्दू, 5. पंजाबी, 6. असमी, 7. बंगला, 8. उड़िया, 9. मराठी, 10. गुजराती, 11. तमिल, 12. तेलुगु, 13. कन्नड़, 14. मलयालम, 15. संस्कृत, 16. सिंधी।

इनके अतिरिक्त भारत में अंग्रेजी भाषा बहुत प्रचलित है। अरबी, फारसी आदि का भी थोड़ा-बहुत प्रयोग होता है।

भाषा का प्रयोग

भाषा का प्रयोग दो प्रकार से होता है—

1. **बोलकर**
2. **लिखकर**

बोलने की भाषा को बोली और उसके लिखित रूप को लिपि कहते हैं।

भारत की राष्ट्रभाषा **हिन्दी** है और उसकी लिपि का नाम **देवनागरी** है।

व्याकरण

पंजाब में खेती बहुत होती है।

बम्बई विदेशी व्यापार का बहुत बड़ा केन्द्र है।

ऊपर लिखे वाक्य शुद्ध हैं। यदि हम लिखें कि पंजाबों में खेती वहुत होती या पंजाव में खेतियाँ बहुत होती हैं—तो ये वाक्य अशुद्ध होंगे। जिसने व्याकरण पढ़ा है अथवा जिसे व्याकरण का ज्ञान है, वह इस प्रकार की अशुद्ध भाषा कभी नहीं बोलेगा; क्योंकि व्याकरण से हमें भाषा के शुद्ध रूप का ज्ञान होता है। शुद्ध वाक्यों की रचना, वाक्यों में शुद्ध शब्द लिखना, शब्दों में शुद्ध वर्तनी (Spellings) रखना हम व्याकरण से ही सीखते हैं। अत:

परिभाषा—व्याकरण वह शास्त्र है, जिससे भाषा में प्रयुक्त होने वाले शब्दों के शुद्ध रूपों तथा प्रयोगों का ज्ञान प्राप्त होता है।

हिन्दी एक जीवित भाषा है। विशेषत: एक विशाल क्षेत्र में और सामान्यत: समस्त भारत में विभिन्न स्तरों पर, विभिन्न रूपों में तथा विभिन्न उद्देश्यों से यह भाषा पढ़ाई जाती है। विदेशों में भी प्राय: सभी देशों में अव इसके पढ़ाने की व्यवस्था की गई है। यह भारत की राष्ट्रभाषा है। हर एक भारतीय के लिए इसका समान महत्त्व है। इसलिए इसके व्याकरण का ज्ञान हमें मन लगाकर प्राप्त करना चाहिए।

व्याकरण के भाग

भाषा वाक्यों से बनती है। वाक्य शब्दों से बनते हैं। शब्द वर्णों (अक्षरों) से वनते हैं। इसलिए व्याकरण को तीन भागों में वांटा जाता है—

1. **वर्ण-विचार**
2. **शब्द-विचार**
3. **वाक्य-विचार**

आगे के पाठों में इसी क्रम से विवेचना की गई है।

अभ्यास

1. वाक्य की परिभाषा लिखकर, वाक्य का एक उदाहरण दीजिए।
2. शब्द की रचना कैसे होती है और शब्दों का प्रयोग कहाँ होता है ?
3. शब्द की परिभाषा लिखकर, शब्द का एक उदाहरण दीजिए।
4. वर्ण किसे कहते हैं ? वर्णों के मेल से क्या बनता है ?
5. भाषा की क्या आवश्यकता है ? भारत में कौन-कौन-सी भाषाएँ सबसे अधिक बोली और समझी जाती हैं ?
6. भारत की 16 मुख्य भाषाएँ कौन-कौन-सी हैं ?
7. ब्रह्मा, क्षमा, मित्र—ये शब्द किस-किस वर्ण से बने हैं ?
8. व्याकरण-अध्ययन से क्या लाभ होता है ?
9. लिपि किसे कहते हैं ? हिन्दी भाषा की लिपि का क्या नाम है?
10. लिपि और बोली में क्या अन्तर है ?

□

2

वर्ण-विचार

व्याकरण के मुख्यतः तीन विभाग हैं—

1. वर्ण-विचार
2. शब्द-विचार

3. वाक्य-विचार

1. **वर्ण-विचार**—व्याकरण का वह विभाग है, जिसमें वर्णों के आकार, भेद, उच्चारण तथा उनकी संयुक्त करने की रीति बतलाई जाती है।

2. **शब्द-विचार**—व्याकरण का वह विभाग है, जिसमें शब्दों के प्रकार (भेद), रूप, रूप-परिवर्तन, व्युत्पत्ति आदि का वर्णन किया जाता है।

3. **वाक्य-विचार**—व्याकरण का वह भाग है, जिसमें वाक्यों के प्रकार (भेद), वाक्य-रचना के नियम, वाक्यों का विश्लेषण करने की रीति तथा विराम-चिह्नों आदि का वर्णन होता है।

शब्द-विचार तथा वाक्य-विचार का वर्णन अगले पाठों में होगा। यहां वर्णों पर विचार किया जाता है।

वर्ण-विचार

भाषा वाक्यों से वनती है। वाक्य शब्दों से बनते हैं। शब्द वर्णों से बनते हैं। वर्णों को अक्षर भी कहते हैं। वर्ण-विचार में हमें निम्नलिखित वातें जाननी हैं।

परिभाषा—उस छोटी-से-छोटी ध्वनि को वर्ण या अक्षर कहते हैं, जिसके खण्ड न हो सकें।

जैसे—अ, क्, च्, प्, ल्, ह्—आदि।

वर्णमाला—किसी भाषा के सभी वर्णों के समुदाय को वर्ण-माला कहा जाता है।

वर्णों के प्रकार (भेद)

वर्णों के मुख्य दो भेद हैं—स्वर और व्यञ्जन।

1. **स्वर**—जिन वर्णों के उच्चारण में फेफड़ों से वायु अबाध रूप में मुख से बाहर आए। इस प्रकार के अ से औ तक के वर्ण स्वर हैं।

2. **व्यञ्जन**—जिन वर्णों के उच्चारण में फेफड़ों से चली वायु बीच में अपूर्ण या पूर्ण रूप से रोकी जाकर पुनः छोड़ी जाने पर मुख से बाहर आए। इस प्रकार के क् से ह् तक के वर्ण व्यञ्जन हैं।

स्वरों के भेद

स्वर तीन प्रकार के हैं—ह्रस्व, दीर्घ, प्लुत।

1. **ह्रस्व स्वर**—जिन स्वरों के उच्चारण में कम-से-कम समय लगता है, उन्हें ह्रस्व स्वर कहा जाता है। ह्रस्व को लघु भी कहते हैं।

हिन्दी में चार ह्रस्व स्वर हैं—अ, इ, उ, ऋ।

2. **दीर्घ स्वर**—जिन स्वरों के उच्चारण में ह्रस्व स्वर से दुगना समय लगता है, उन्हें दीर्घ स्वर कहते हैं।

हिन्दी में दीर्घ स्वर सात हैं—आ, ई, ऊ, ए, ऐ, ओ, औ।

3. **प्लुत स्वर**—जिन स्वरों के उच्चारण में ह्रस्व स्वर से तिगुना समय लगता है, उन्हें प्लुत स्वर कहा जाता है। प्लुत का प्रयोग प्रायः दूर से पुकारने या बुलाने में होता है। पुकारने में जिस वर्ण को लम्बा खींचा जाता है, लिखते समय उसके आगे ३ का चिह्न लगाते हैं, जिससे पता चले कि वह प्लुत स्वर है। जैसे—हे राम ३, अरी शकुन्तला ३, हे३ कृष्ण! 'ओ३म्' में भी 'ओ' को प्लुत दर्शाने के लिए उसके बाद ३ का चिह्न लिखा जाता है। परन्तु अब ३ लिखने का प्रचलन (रिवाज) नहीं रहा।

स्वरों की मात्राएँ

परिभाषा—स्वरों के जो चिह्न व्यंजनों के अन्त में जोड़े जाते हैं, वे 'मात्रा' कहलाते हैं।

मात्राएँ इस प्रकार लिखी जाती हैं—

अ आ इ ई उ ऊ ए ऐ ओ औ

ा ि ी ु ू े ै ो ौ

अ की मात्रा नहीं होती। अ जब व्यञ्जन में मिलता है, तब व्यञ्जन के नीचे की टेढ़ी लकीर हटा दी जाती है। अ के बिना व्यञ्जन इस प्रकार लिखे जाते हैं—

कवर्ग	क्	ख्	ग्	घ्	ङ्
चवर्ग	च्	छ्	ज्	झ्	ञ्
टवर्ग	ट्	ठ्	ड्	ढ्	ण्
तवर्ग	त्	थ्	द्	ध्	न्
पवर्ग	प्	फ्	ब्	भ्	म्
अन्तःस्थ	य्	र्	ल्	व्	
ऊष्म	श्	ष्	स्	ह्	

इनमें जब 'अ' मिलाया जाता है, तब नीचे की लकीर (टेढ़ी रेखा) हटा दी जाती है और इनका रूप हो जाता है—

क ख ग प य—आदि।

हलन्त—जिस व्यञ्जन में स्वर न हो उसे क् च् ह् आदि लिखा जाता है और तब इन्हें हल् कहा जाता है। जिस शब्द के अन्त में हल् वर्ण हो, उसे हलन्त कहा जाता है। जैसे—

बुद्धिमान् विद्वान्, भगवान्, महान्—इत्यादि।

व्यञ्जनों के वर्ग

व्यंजनों के सात वर्ग होते हैं—

कवर्ग, चवर्ग, टवर्ग, तवर्ग, पवर्ग, अन्तःस्थ और ऊष्म। इनके वर्ण ऊपर दिखला चुके हैं।

क्ष, त्र, ज्ञ

दो व्यञ्जन जब जुड़ जाते हैं, तो संयुक्त व्यञ्जन कहलाते

हैं। जैसे—क्+य=क्य। वैसे तो क्ष् त्र् ज्ञ् भी संयुक्त व्यञ्जन हैं; कोई स्वतन्त्र वर्ण नहीं। परन्तु ये विशेष रूप में लिखे जाते हैं; अतः देवनागरी वर्णमाला में इन्हें अलग दिखला दिया है और प्रायः हिन्दी की प्रथम पुस्तकें में 'ह' के बाद ये भी दिये हुए होते हैं।

इनकी रचना इस प्रकार है—क्+ष्+अ=क्ष (क्षमा)
त्+र्+अ=त्र (मित्र)
ज्+ञ्+अ=ज्ञ (ज्ञान)

अनुस्वार, विसर्ग

इनके सिवाय दो और चिह्न हैं— ं (अनुस्वार) और : (विसर्ग) जैसे—संत, कंठ और अतः, प्रातः आदि। अनुस्वार और विसर्ग स्वर सहित व्यञ्जनों पर लगते हैं।

अनुस्वार का उच्चारण हल्के 'म्' जैसा है और विसर्ग का उच्चारण 'ह्' जैसा है।

अनुस्वार का एक हल्का उच्चारण भी है, जिसे अनुनासिक कहते हैं। इसका चिह्न ँ है।

अनुस्वार और अनुनासिक के प्रयोग में अन्तर इन शब्दों में देखा जा सकता है—

अनुस्वार	**अनुनासिक**
संत	चाँद
कंठ	आँखें
हंस	हँसी
अंश	मुँह

वर्णों के उच्चारण-स्थान

सभी वर्ण मुख से बोले जाते हैं। परन्तु मुख में भी कण्ठ से लेकर ओष्ठ तक भिन्न-भिन्न अनेक स्थान हैं, जिनसे भिन्न-भिन्न

वर्ण बोले जाते हैं।

साँस लेते-छोड़ते हुए या तो साँस फेफड़ों द्वारा भीतर खींची जाती है, या बाहर निकाली जाती है। यही वायु जब श्वास-नलिका से होती हुई कंठ से लेकर ओठों तक किसी उच्चारण अवयव (वाग्यन्त्र के किसी भाग) द्वारा रोकी जाती है तो विशेष प्रकार की ध्वनि प्रकट होती है, जिसे उच्चारण कहा जाता है। जिस स्थान से जिस वर्ण का उच्चारण हो, उसे ही उस वर्ण का उच्चारण-स्थान कहा जाता है।

उच्चारण-स्थान तालिका

वर्ण	उच्चारण-स्थान	नाम
अ आ, क ख ग घ ङ, ह:	कण्ठ	कण्ठ्य
इ ई, च छ ज झ ञ, य, श	तालु	तालव्य
ऋ, ट ठ ड ढ ण, र ष	मूर्द्धा	मूर्द्धन्य
लृ, त थ द ध न, ल स	दन्त	दन्त्य
उ ऊ, प फ ब भ म	ओष्ठ	ओष्ठ्य
अनुस्वार (ं)	नासिका	नासिक्य
ए ऐ	कण्ठतालु	कण्ठतालव्य
ओ औ	कण्ठोष्ठ	कण्ठोष्ठ्य
व	दन्तोष्ठ	दन्तोष्ठ्य
अनुनासिक स्वर तथा वर्गों के पाँचवें अक्षर ङ ञ ण न म	नासिका भी	नासिक्य

अभ्यास

1. वर्ण किसे कहते हैं? वर्णमाला तथा वर्ण में क्या अन्तर है?
2. भाषा, लिपि तथा बोली में क्या अन्तर है?

3. स्वर की परिभाषा लिखकर हिन्दी के सभी स्वर ठीक क्रम में लिखिए।

4. व्यञ्जन की परिभाषा लिखकर बताइए कि स्वर तथा व्यञ्जन में क्या अन्तर है ?

5. नीचे लिखे वर्णों में से स्वर के आगे (स्व) लिखिए तथा व्यञ्जन के आगे (व्यं) लिखिए—

क्	आ	ह्
ष्	त्	इ

6. नीचे लिखे स्वरों की मात्राएँ बताइए—

आ ऊ ऋ औ

7. क्ष, त्र, ज्ञ—ये किस-किस वर्ण के संयोग से बने हैं ? ऐसे पाँच-पाँच शब्द लिखिए, जिनमें क्ष, त्र, ज्ञ का प्रयोग हो।

8. नीचे लिखे वर्णों का उच्चारण-स्थान बताइए—

क ह अ प ल

9. हल् किसे कहते हैं और हलन्त किसे ? उदाहरण दीजिए।

10. 'हाँ' या नहीं' में उत्तर दीजिए—

(1) हल् और हलन्त का एक ही अर्थ है। (नहीं)

(2) वर्ण तथा अक्षर समानार्थक हैं। ...

(3) ह्रस्व और लघु समानार्थक हैं। ...

(4) स्वर चार प्रकार के हैं। ...

(5) अनुस्वार और अनुनासिक में कोई अन्तर नहीं। ...

3
शब्द-विचार

शब्द

परिभाषा—वर्णों के सार्थक समूह को शब्द कहते हैं।

जैसे—राम, अशोक, नदी, जाता है, अच्छा, कोमल, कब इत्यादि।

शब्दों के प्रकार

शब्दों के प्रकार (भेद) तीन दृष्टिकोणों से किये जाते हैं—

शब्द

उत्पत्ति (जन्म)

बनावट (रचना)

प्रयोग (वाक्य में व्यवहार)

उत्पत्ति के अनुसार शब्दों के चार भेद (प्रकार)

उत्पत्ति के अनुसार शब्दों के चार भेद हैं—

1. तत्सम, 2. तद्भव, 3. देशी, 4. विदेशी।

1. तत्सम

परिभाषा—जो शब्द संस्कृत से आए हैं और हिन्दी में प्राय: ज्यों के त्यों प्रयुक्त होते हैं, वे तत्सम कहलाते हैं।

जैसे—जन्म, नगर, कार्य, धर्म, महत्त्व, पृथ्वी, आकाश, जल, वायु, कमल, नदी, पर्वत इत्यादि।

2. तद्भव

परिभाषा—जो शब्द आए तो संस्कृत से हैं; परन्तु कुछ बिगड़कर हिन्दी में प्रयुक्त होते हैं, वे तद्भव कहलाते हैं।

जैसे—

अचरज (आश्चर्य) आग (अग्नि)

आधा (अर्द्ध)	कुआँ (कूप)
कोयल (कोकिल)	काज (कार्य)
काम (कर्म)	दस (दश)
दाँत (दन्त)	साँप (सर्प)
पत्ता (पत्र)	सच (सत्य)

3. देशी (या देशज)

परिभाषा—जो शब्द संस्कृत से नहीं आए बल्कि देशी (क्षेत्रीय) भाषाओं से या गाँव की भाषाओं से लिये गए हैं, वे देशी कहलाते हैं।

जैसे—तेन्दुआ, अटकल, पेड़, खिड़की, टट्टू, पेटी, लड़का, पगड़ी—इत्यादि।

कुछ अनुकरणात्मक शब्द भी देशी कहलाते हैं।

खटखटाना, भड़भड़ाना, खड़खड़ाना, फड़फड़ाना इत्यादि।

4. विदेशी

परिभाणा—हिन्दी में जो शब्द विदेशी भाषाओं से आए हैं, वे विदेशी कहलाते हैं।

जैसे—

तुर्की—लाश, चाकू, कैंची, तोप आदि।

अरबी—कलम, आदमी, हुक्म, वकील, कानून आदि।

फारसी—नाशपाती, हजार, खर्च, बर्फ आदि

पुर्तगाली—तौलिया, गमला, आलमारी, नीलाम आदि।

अंग्रेजी—स्कूल, स्टूल, कापी, स्लेट, टिकट, कोट, रेडियो आदि।

बनावट (रचना) के अनुसार शब्दों के भेद (प्रकार)

बनावट अर्थात् रचना के अनुसार शब्दों के तीन प्रकार होते हैं—

1. रूढ़, 2. यौगिक, 3. योगरूढ़।

रूढ़

परिभाषा—जिन शब्दों के खण्ड का कोई अर्थ नहीं होता तथा जो परम्परा से किसी विशेष अर्थ को प्रकट करते आ रहे हैं, उन्हें रूढ़ कहा जाता है।

जैसे—घोड़ा (घ्+ओड़ा या घो+ड़ा खण्डों का कोई अर्थ नहीं)।

मनुष्य (म+नु+ष्य खण्डों का कोई अर्थ नहीं)।

आदमी (आ+द+मी खण्डों का कोई अर्थ नहीं)।

लता (ल+ता खण्डों का कोई अर्थ नहीं)।

यौगिक

परिभाषा—जो शब्द दो शब्दांशों या शब्दों के मिलने से बनते हैं, उन्हें यौगिक कहा जाता है।

जैसे—

कार्य+आलय	देव+आलय	विद्या+आलय
राष्ट्र+पति	प्रधान+मंत्री	सेना+पति
अप+मान	सम्+मान	सत्+जन
विद्या+अर्थी	पाठ+शाला	शब्द+कोश

योगरूढ़

परिभाषा—जो दो शब्दांशों या शब्दों के मिलने से बने हों; परन्तु किसी विशेष अर्थ में प्रसिद्ध हो गए हों, वे योगरूढ़ कहलाते हैं।

जैसे—

जलज (कमल)	पंकज (कमल)
जलद (बादल)	दूरदर्शी (विचारक)
सरसिज (कमल)	खेचर (पक्षी)
जलधि (समुद्र)	चारपाई (खाट)

प्रयोग के अनुसार शब्दों के भेद

प्रयोग के अनुसार शब्दों के आठ भेद हैं।

(क) **विकारी**—जिन शब्दों के रूप में परिवर्तन होता है—

1. संज्ञा, 2. सर्वनाम, 3. विशेषण, 4. क्रिया।

(ख) **अविकारी**—जिनके रूप में परिवर्तन नहीं होता—

5. क्रियाविशेषण, 6. सम्बन्धबोधक, 7. समुच्चयबोधक, 8. विस्मयादिबोधक।

विकारी और अविकारी में अन्तर

परिभाषा—प्रयोग-भेद के कारण जिन शब्दों का रूप बदलता है, उन्हें विकारी कहा जाता है।

जैसे—

संज्ञा—लड़का खेलता है, लड़के खेलते हैं, लड़की खेलती है, लड़कियाँ खेलती हैं।

सर्वनाम—मैं खेलता हूँ, हम खेलते हैं, वे खेलते हैं।

विशेषण—अच्छा (लड़का), **अच्छे** (लड़के), **अच्छी** (लड़की)।

क्रिया—खेलता है, खेलते हैं, खेलता था, खेलते थे, खेलेगा, खेलेंगे, खेलती है।

अविकारी

परिभाषा—प्रयोग भेद होने पर भी जिनके रूप नही बदलते, वे शब्द अविकारी कहलाते हैं। जैसे—

क्रियाविशेषण—वह **ऊपर** गया, वे **ऊपर** गये, वह **ऊपर** गई, **मैं ऊपर** गया।

सम्बन्धबोधक—घर के **बाहर**, कमरे के **बाहर**, नदी के **बाहर**, देश के **बाहर**।

समुच्चयबोधक—बालक **और** बालिका, लड़के **और** लड़कियाँ, स्त्री **और** पुरुष।

विस्मयादिबोधक—अहा ! तुम आ गये ! अहा ! तुम आ गई ! अहा ! आप !

अभ्यास

1. शब्द की परिभाषा लिखकर एक उदाहरण दीजिए।
2. बनावट (रचना) के अनुसार शब्दों के कितने भेद हैं ? एक-एक उदाहरण दीजिए ।
3. उत्पत्ति (जन्म) के अनुसार शब्दों के कितने भेद हैं ? एक-एक उदाहरण दीजिए ।
4. प्रयोग के अनुसार शब्दों के कौन-कौन से भेद हैं ? एक-एक उदाहरण दीजिए ।
5. विकारी किसे कहते हैं और अविकारी किसे ? एक-एक उदाहरण देकर स्पष्ट कीजिए ।
6. नीचे लिखे शब्दों में विकारी के सामने (वि) लिखिए और अविकारी के सामने (अ) लिखिए—

सम्बन्धबोधक	(……)	संज्ञा	(……)
सर्वनाम	(……)	विशेषण	(……)
समुच्चयबोधक	(……)	विस्मादिबोधक	(……)
क्रिया	(……)	क्रियाविशेषण	(……)

7. नीचे लिखे शब्दों में से तत्सम शब्दों को चुनकर लिखिए—
दही, दूध, सत्य, मुँह, कीट, कुआँ, भौंरा, ग्राम ।
8. देशी शब्द किसे कहते हैं ? दो उदाहरण दीजिए ।
9. अंग्रेजी, अरबी, फारसी, पुर्तगाली और फ्रेंच भाषाओं से हिन्दी में आया एक-एक शब्द लिखिए ।
10. खाली जगह पर ठीक उत्तर लिखिए—

पंकज	……	(रूढ़, यौगिक, योगरूढ़)
पंछा	……	(तत्सम, तद्भव)

खाना	......	(क्रिया, क्रियाविशेषण)
अच्छा	......	(विशेषण, सर्वनाम)
हम	......	(सर्वनाम, विशेषण)
और	......	(समुच्चय, विस्मयादि)
अहा	......	(समुच्चय, विस्मयादि)

□

4
संज्ञा

परिभाषा—किसी व्यक्ति, स्थान, वस्तु, जन्तु या भाव के नाम को संज्ञा कहते हैं।

व्यक्ति, जैसे—राम, सीता, अनिल, केदार। स्थान, जैसे—दिल्ली, कलकत्ता, भारत, इंग्लैंड। वस्तु, जैसे—अनाज, दालें, कपड़ा, लोहा, सोना, बन्दूक। जन्तु, जैसे—कुत्ता, शेर, तोता, घोड़ा, गाय। भाव, जैसे—सत्य, दया, निर्दयता, सुन्दरता, चालाकी।

संज्ञा के भेद

संज्ञा के तीन भेद होते हैं—1. व्यक्तिवाचक संज्ञा, 2. जातिवाचक संज्ञा, 3. भाववाचक संज्ञा।

1. **व्यक्तिवाचक संज्ञा**—जिस संज्ञा से केवल किसी खास व्यक्ति, स्थान, वस्तु या भाव का पता चले। जैसे—महात्मा गांधी, दिल्ली, रामचरितमानस, भारत इत्यादि।

2. जातिवाचक संज्ञा—जिस संज्ञा से उसकी सारी जाति का बोध हो। जैसे—वालक, पक्षी, गाय आदि। ये संज्ञाएँ जातिवाचक हैं, क्योंकि इनसे उनकी जाति का बोध होता है।

3. **भाववाचक संज्ञा**—जिस संज्ञा से किसी गुण, दोष या दशा का बोध हो। जैसे—गन्ने में मिठास है। (गुण)। झूठ मत बोलो (दोष)। वचपन में सभी खेलते हैं। (दशा)। इन वाक्यों में मिठास, झूठ और वचपन भाववाचक संज्ञाएँ है।

भाववाचक संज्ञाओं की रचना

अन्य शब्दों से कुछ प्रत्यय जोड़कर भाववाचक संज्ञाएँ बनाई जाती हैं। जैसे **ई**—पढ़ना से पढ़ाई। **ता**—मूर्ख से मूर्खता। **आस**—मीठा से मिठास। **त्व**—वीर से वीरत्व। **पन**—वच्चा से बचपन। **ईयता**—राष्ट्र से राष्ट्रीयता।

अभ्यास

1. संज्ञा की परिभाषा लिखकर संज्ञा का उदाहरण दीजिए।
2. व्यक्तिवाचक तथा जातिवाचक संज्ञा में जो अन्तर है, उसे उदाहरणों द्वारा स्पष्ट कीजिए।
3. नीचे कुछ शब्द लिखे हैं। इनमें से व्यक्तिवाचक शब्द को व्यक्तिवाचक के खाने में, जातिवाचक शब्द को जातिवाचक के खाने में और भाववाचक शब्द को भाववाचक के खाने में लिखिए—

   कपड़े, अन्न, गेंद, अमेरिका, रूस, साईकल, चाकू, दयालुता, पढ़ाई, लिखाई, मकान, हलवाई, अध्यापक, हिमालय, भारत, महात्मागांधी, दिल्ली, दया, मित्र, शीला, रामायण, घड़ी, सड़क, रेलवे स्टेशन, मथुरा, मन्दिर, अनाज, बिरला मन्दिर, यमुना, समुद्र, गंगा, हिन्द महासागर, कलम, पक्षी, सहेली, ऊंचाई।

व्यक्तिवाचक संज्ञा	जातिवाचक संज्ञा	भाववाचक संज्ञा

4. नीचे लिखे शब्दों के सामने रिक्त स्थानों में निम्न उदाहरणों की भांति उन शब्दों से बनने वाली भाववाचक संज्ञा बनाकर लिखिए—

दूर—दूरी। अच्छा—अच्छाई। मूर्ख—मूर्खता।

पढ़ना······। लम्बा······। चौड़ा······।

गहरा······। मित्र······। शत्रु······।

आवश्यक······। मनुष्य······। उदार······।

गर्म······। वीर······। पीसना······।

घिसना······। चढ़ना······। हंसना······।

भोला······। बालक······। लड़का······।

आलसी······। चतुर······। चालाक······।

□

5

संज्ञा शब्दों में विकार

पहले बताया जा चुका है कि संज्ञा, सर्वनाम, विशेषण और क्रिया—ये चारों विकारी शब्द हैं, अर्थात् इनके रूपों में प्रयोग

के अनुसार परिवर्तन होता है। इस पाठ में संज्ञा के रूप-परिवर्तन का वर्णन किया जाएगा।

संज्ञा शब्दों में तीन कारणों से विकार (रूप-परिवर्तन) होता है।

लिंग

लिंग का अर्थ है निशान या चिह्न। इन्हीं चिह्नों से पता चलता है कि कोई शब्द पुल्लिग है या स्त्रीलिंग।

परिभाषा—जो शब्द पुरुष जाति को बतलाए वह पुल्लिग और जो स्त्री जाति को बतलाए वह स्त्रीलिंग होता है।

पुल्लिग शब्द—पुरुष, देव, दास, चूहा, कहार, अध्यापक, हरिण, सिंह, बाल, पंडित।

स्त्रीलिंग शब्द—स्त्री, देवी, दासी, चुहिया, कहारिन, अध्यापिका, हरिणी, सिंहनी, बालिका, पंडिता।

पुंल्लिग व स्त्रीलिंग के बारे में कुछ बातें

1. प्राणियों के समुदाय को प्रकट करने वाले कुछ शब्द पुंल्लिग हैं, कुछ स्त्रीलिंग—

पुंल्लिग	स्त्रीलिंग
कुटुम्ब	सभा
परिवार	जनता
मंडल	भीड़
समाज	समिति
समुदाय	संसद (पार्लियामेंट)
समूह	सेना
झुंड	फौज
ठट्ठ	कमेटी

पुंल्लिग	स्त्रीलिंग
दल	मंडली
संघ	टोली
गण	सरकार

2. संस्कृत के कुछ शब्दों का लिंग हिन्दी में बदल गया है—

शब्द	हिन्दी में	संस्कृत में
व्यक्ति	पुं०	स्त्री०
देवता	पुं०	स्त्री०
आत्मा	स्त्री०	पुं०
महिमा	स्त्री०	पुं०
देह	स्त्री०	पुं०
विजय	स्त्री०	पुं०
मृत्यु	स्त्री०	पुं०
किरण	स्त्री०	पुं०
आयु	स्त्री०	पुं०
राशि	स्त्री०	पुं०
ऋतु	स्त्री०	पुं०

3. हिन्दी में कुछ शब्दों का पुंल्लिग तथा स्त्रीलिंग—दोनों लिंगों में प्रयोग होता है।

जैसे—मेरी कलम बढ़िया है। मेरा कलम बढ़िया है।
पवन बहती है। पवन बहता है।
साँस चल रही है। साँस चल रहा है।

4. शरीर के कुछ अंगों के नाम पुंल्लिग हैं, कुछ स्त्रीलिंग।

पुंल्लिग	स्त्रीलिंग
कान	आँख
बाल	चोटी

पुंल्लिग	स्त्रीलिंग
हाथ	टाँग
पैर	जाँघ
मुँह	उँगली
ओष्ठ (ओंठ)	ठोड़ी (ठुड्डी)
अँगूठा	एड़ी
माथा (मस्तक)	ज़ुबान
नाखून	गर्दन

5. कुछ प्राणिवाचक शब्दों का प्रयोग केवल स्त्रीलिंग में होता है। फौज, सेना, पुलिस, सती, सौत, सुहागिन, विधवा, धाय, नर्स, सन्तान।

6. कुछ प्राणिवाचक शब्द सदा पुंल्लिग में और कुछ सदा स्त्रीलिंग में प्रयुक्त होते हैं—

सदा पुंल्लिग	सदा स्त्रीलिंग
पक्षी	चिड़िया
मच्छर	मक्खी
खटमल	मकड़ी
चीता	गिलहरी
बिच्छू	कोयल
खरगोश	मैना
गेंडा	मछली
बाज	दीमक
गरुड़	चींटी

इनके भिन्न लिंगी बनाने के लिए **'नर'** या **'मादा'** शब्द इनसे पहले जोड़ा जाता है। जैसे—मादा चीता, नर मक्खी इत्यादि।

7. एक चीज का कोई नाम पुंल्लिग में और कोई स्त्रीलिंग में होता है, जैसे—

पुंल्लिग	स्त्रीलिंग
ग्रंथ अच्छा है।	पुस्तक अच्छी है।
पत्र आया है।	चिट्ठी आई है।
मार्ग (रास्ता) अच्छा है।	राह अच्छी है।
पक्षी (पंछी) गाता है।	चिड़िया गाती है।
नेत्र (नयन) खुले हैं।	आँखें खुली हैं।
यहाँ गन्ना बहुत है।	यहाँ ईख बहुत है।

8. पर्वतों के नाम प्रायः पुंल्लिग में होते हैं। जैसे—हिमालय, विंध्याचल, सतपुड़ा, सह्याद्रि, पर्वतशिखर, अरावली, पूर्वी घाट, पश्चिमी घाट।

अपवाद—ये स्त्रीलिंग हैं—पहाड़ी, पर्वत की चोटी, अधित्यका, उपत्यका, तराई, खड्ड, पर्वतश्रेणी।

9. समय और उसके विभाग प्रायः पुंल्लिग होते हैं।

जैसे—समय, काल, वक्त, दिन, पल, घण्टा, सप्ताह, मास, वर्ष।

अपवाद—ये स्त्रीलिंग हैं—रात, घड़ी, संध्या (साँझ), तिथि, शताब्दी।

10. दिनों तथा वारों के नाम पुंल्लिग हैं—चैत्र, वैशाख, सोम, मंगल आदि।

11. देशों तथा जल-स्थल विभागों के नाम प्रायः पुंल्लिग में होते हैं। जैसे—ब्रह्माण्ड, उपमहाद्वीप, देश, यूरोप, एशिया, भारत, इंग्लैंड, सागर, कस्बा, गाँव, खेत, भवन, महल, क्षेत्र, इलाका।

अपवाद—ये स्त्रीलिंग हैं—खाड़ी, झील, नगरी, बस्ती, पृथ्वी, कुटिया आदि।

12. ग्रह- नक्षत्रों के नाम—

पुंल्लिग—सूर्य, चन्द्र, मंगल, शनि, राहु, केतु, ध्रुवतारा।

स्त्रीलिंग—पृथ्वी, अरुन्धती, कृत्तिका, रोहिणी।

13. प्राय: मोटी, भारी, भद्दी वस्तुओं के नाम पुंल्लिग में होते हैं। जैसे—शहतीर, इञ्जन, गड्ढा, गट्ठर, पत्थर, कोल्हू, टीला।

14. संस्कृत के 'अ, इ, उ' अन्त वाले शब्द प्राय: हिन्दी में पुंल्लिग में होते हैं। जैसे—

संसार, शरीर, जीव, तन, मन, धन, गीत, जल, पल, बल, रत्न, ज्ञान, कर्म, धर्म, ऋषि, मुनि, साधु।

15. जिन भाववाचक संज्ञाओं के अन्त में ना, आव, पन, आपा, त्व जुड़े हों, वे प्राय: पुंल्लिग होती हैं। जैसे—

ना—रोना, सोना, धोना, गाना, जागना, आना, जाना।

आव—बचाव, बनाव, लगाव।

पन—बचपन, छुटपन, लड़कपन।

आपा—बुढ़ापा, मोटापा।

त्व—मनुष्यत्व, महत्त्व।

16. नदियों के नाम प्राय: स्त्रीलिंग होते हैं। जैसे—

गंगा, यमुना, गोदावरी, महानदी, कृष्णा, कावेरी, गंडक, रावी।

अपवाद—ये पुंल्लिग हैं—ब्रह्मपुत्र, सिंध, सतलुज, व्यास, चिनाव।

17. कुछ सब्जियों के नाम पुंल्लिग तथा कुछ के स्त्रीलिंग हैं—

पुंल्लिग—बैंगन, टमाटर, आलू, शलजम, कद्दू, टींडा।

स्त्रीलिंग—गोभी, मूली, गाजर, पालक, घीया, लौकी, भिंडी।

18. कुछ बर्तनों के नाम पुंल्लिग तथा कुछ के स्त्रीलिंग होते हैं—

पुंल्लिग—पतीला, टब, कटोरा, चूल्हा, चम्मच, स्टोव, चाकू।

स्त्रीलिंग—थाली, बाल्टी, पतीली, देगची, प्लेट, कड़छी, भट्टी, छुरी।

19. कुछ पेड़ों तथा फलों के नाम पुंल्लिग तथा कुछ के नाम स्त्रीलिंग होते हैं। जैसे—

पुंल्लिग—पेड़, अनार, वट, वरगद, पीपल, शीशम, आवनूस, आम, सागवान, शरीफा, देवदार, नींबू, गुलाब, अशोक, केला, सन्तरा, सेब, इत्यादि।

स्त्रीलिंग—खजूर, ककड़ी, खिरनी, नाशपाती, बीही, मौसंबी, खुबानी, अंजीर, चिरौंजी, कलम, गूटी, पौध, पनीरी, लीची, इमली, जूही, रात की रानी।

20. धातुओं के नाम पुंल्लिग होते हैं। जैसे—सोना, पीतल, ताँबा, लोहा, काँसा, सीसा, फौलाद, टीन, एल्यूमीनियम, रेडियम।

अपवाद—यह स्त्रीलिंग है—चाँदी।

21. कुछ पेयों के नाम पुंल्लिग तथा कुछ के स्त्रीलिंग हैं—

पुंल्लिग	**स्त्रीलिंग**
जल, पानी, नीर,	शराब, चाय, कॉफी, छाछ,
घृत (घी), तेल,	लस्सी, शिकंजवी,
शर्बत, दूध, सोडा,	जलधारा, बूँद
लेमन, डबल सेवन	

22. किराने की कुछ वस्तुओं के नाम पुंल्लिग तथा कुछ के स्त्रीलिंग होते हैं—

पुंल्लिग	**स्त्रीलिंग**
जीरा, धनिया, अदरक,	सुपारी, हींग,
मसाला, नमक	लौंग, दालचीनी

पुंल्लिग	स्त्रीलिंग
अमचूर, अनारदाना, सोडा	इलायची, मिर्च, सोंठ, आजवायन, हल्दी

23. खाने के लिए कुछ तैयार पदार्थों के नाम पुंल्लिग तथा कुछ के स्त्रीलिंग होते हैं—

पुंल्लिग	स्त्रीलिंग
परांठा, समोसा, भात, चावल, पुलाव, भल्ले, गोलगप्पे, लड्डू, नान, मालपुआ, कुल्चा, भठूरा, डोसा, हलवा, रसगुल्ला	मट्ठी, बर्फी, जलेबी, रसमलाई, कांजी, कुल्फी, आइसक्रीम, पकौड़ी, खिचड़ी चपाती, खीर, दाल

24. कुछ गहनों के नाम पुंल्लिग तथा कुछ के स्त्रीलिंग होते हैं—

पुंल्लिग—कंगन, कड़ा, झुमका, काँटा, हार, कुण्डल ।

स्त्रीलिंग—आरसी, वाली, अंगूठी, तगड़ी, (करधनी या कौंधनी) नथ, चूड़ी, कंठी ।

25. कुछ वस्त्रों के नाम पुंल्लिग तथा कुछ के स्त्रीलिंग हैं—

पुंल्लिग	स्त्रीलिंग
पाजामा, कुर्ता, कोट, अंगरखा, सूट, जांघिया, दुपट्टा, घाघरा, टोप, रूमाल, गाऊन, जम्फर, स्वेटर,	पैंट, पतलून, सलवार, कमीज, चुनरी, निक्कर, लंगोटी, धोती, साड़ी, वनियान, वास्कट, बंडी, पगड़ी

26. अंग्रेजी से हिन्दी में आए कुछ शब्द पुंल्लिग तथा कुछ स्त्रीलिंग के रूप में प्रयुक्त होते हैं—

पुंल्लिग	स्त्रीलिंग
कोट	ग्राउंड
पैंन	यूनिवर्सिटी
स्कूल	मोटर
बूट	बस
बटन	बोतल
स्टेशन	ट्राम
रेडियो	टेन
टेलीफोन	पेंसिल
टेलीविजन	फिल्म
एयरोप्लेन	मशीनें

पुंल्लिग से स्त्रीलिंग बनाने के नियम

1. कुछ शब्दों के अन्त वाले 'अ' को 'आ' हो जाता है। जैसे—
   बाल बाला शिष्य शिष्या
2. कुछ शब्दों के अन्त वाले 'अ' या 'आ' को 'ई' हो जाता है—
   देव देवी बकरा बकरी
3. कुछ शब्दों के अन्त वाले वर्ण को इया हो जाता है—
   गुड्डा गुड़िया चूहा चुहिया
4. अन्त वाले 'अक' को 'इका' हो जाता है—
   गायक गायिका अध्यापक अध्यापिका
5. व्यवसाय (पेशा, धंधा) बताने वाले शब्दों के अन्तिम स्वर के स्थान पर 'इन' हो जाता है—
   कहार कहारिन सुनार सुनारिन
6. अन्त वाले 'ई' को 'इनी' हो जाता है—
   तपस्वी तपस्विनी स्वामी स्वामिनी
7. शब्द के अन्त में 'नी' जुड़ जाता है—

मोर	मोरनी	शेर	शेरनी

8. कुछ प्राणीवाचक शब्दों के अन्त में 'आनी' जुड़ता है—

पण्डित	पण्डितानी	नौकर	नौकरानी

9. अन्त वाले 'आन्' को 'अती' हो जाता है—

श्रीमान्	श्रीमती	बुद्धिमान	बुद्धिमती

10. अन्तिम 'ता' की जगह 'त्री' हो जाता है—

रचयिता	रचयित्री	नेता	नेत्री

11. **कुछ विशेष शब्द**

कुछ शब्द ऐसे हैं, जिनके रूप स्त्रीलिंग में बिल्कुल बदल जाते हैं।

पुं०	**स्त्री०**	**पुं०**	**स्त्री०**
पिता	माता	ससुर	सास
भाई	भाभी	राजा	रानी
बहनोई	बहन	पुरुष	स्त्री
मर्द	औरत	नर	मादा
युवक (युवा)	युवती	विद्वान्	विदुषी
वर	वधू	बैल	गाय
ननदोई	ननद	बिलाव	बिल्ली
सम्राट्	सम्राज्ञी	कवि	कवियित्री

अभ्यास

1. निम्नलिखित वाक्यों में प्रयुक्त मोटे शब्दों के लिंग सामने वाले स्थानों पर लिखें—

वाक्य	**लिंग**
(1) **गाय** का दूध रोगियों के लिए अच्छा होता है	......
(2) **लुहार** लोहे की चीजें बनाता है	......
(3) यह **अध्यापिका** जी अच्छी पढ़ाती हैं	......

(4) **हवा** जोर से चल रही है ......

(5) हमारा **हिमालय** संसार का सबसे ऊँचा पर्वत है ......

2. नीचे कुछ वाक्य लिखे हैं। प्रत्येक वाक्य के सामने खाली स्थान है। प्रत्येक वाक्य को पुंल्लिग में बदलकर खाली स्थानों पर लिखो—

स्त्री०	पुं०
(1) बकरियाँ घास चरती हैं।	......
(2) माता बच्चे को प्यार करती है।	......
(3) शेरनी गर्जती है।	......
(4) धोबिन कपड़े धोती है।	......
(5) जुलाहिनें कपड़ा बुन रही हैं।	......

3. निम्न पुंल्लिग शब्दों से स्त्रोलिंग बनाओ — निम्न स्त्रीलिंग शब्दों से पुंल्लिग बनाओ !

पुंल्लिग	**स्त्रीलिंग**	**स्त्रीलिंग**	**पुंल्लिग**
सेठ	...	गाय	...
माली	...	बेटी	...
बालक	...	पुत्री	...
लड़का	...	अध्यापिका	...
अध्यापक	...	देवी	...

4. संज्ञा शब्द विकारी होते हैं या अविकारी ? उदाहरण देकर समझाइए।

5. लिंग की परिभाषा लिखकर बताइए हिन्दी में कितने लिंग हैं। उनका एक-एक उदाहरण भी दीजिए।

6. नीचे लिखे शब्दों का लिंग बताइए—

पहाड़, नदी, नाला, कौआ, बन्दर, खाट, बगिया, नानी, दर्जी, विद्वान्, गायिका, देवी, ग्वालिनी, स्वामिन, क्षत्रिय, बिलाव, सिंह, ठठेरा, मुगल, कोयल, उल्लू।

7. नीचे जिन स्त्रीलिंग शब्दों के दो-दो रूप दिये हैं, उनके पुंल्लिग के सामाने खाली स्थानों पर उनका ठीक रूप लिखिए—

पुं०	स्त्री०	विकल्प
जुलाहा	जुलाहिन	जुलाही, जुलाहिन
युवक	...	युवती, युवा
गायक	...	गायकी, गायिका
नर्तक	...	नर्तिकी, नर्तकी
मन्त्र	...	मन्त्राणी, मन्त्रिणी

8. इनके लिए ठीक शब्द लिखिए—

(1) जो स्त्री स्वयं अध्यापन करती (पढ़ाती) हो— ......

(2) जो स्त्री स्वयं मन्त्री हो— ......

(3) जो स्त्री खूब विद्या प्राप्त कर चुकी हो— ......

9. इनके स्त्रीलिंग लिखिए—

नर, पुरुष, विद्वान्, सम्राट्, ननदोई, युवक।

6

वचन

परिभाषा—शब्द के जिस रूप से यह पता चले कि वह एक को बताता है या अनेक को, उसे वचन कहते हैं।

वचन दो हैं—1. एकवचन, 2. बहुवचन

एकवचन—जिससे एक वस्तु का बोध हो, उसे एकवचन कहते हैं। जैसे—बालिका खेलती है।

बहुवचन—जिससे एक से अधिक वस्तुओं का बोध हो, उसे बहुवचन कहते हैं। जैसे बालिकाएँ खेलती हैं।

एकवचन

(1) अन्त में 'ए' जोड़कर—

एकवचन	**बहुवचन**	**एकवचन**	**बहुवचन**
कुत्ता	कुत्ते	बेटा	बेटे
घोड़ा	घोड़े	कपड़ा	कपड़े
लड़का	लड़के	मुर्गा	मुर्गे

(2) अन्त में 'एँ' जोड़कर—

बहन	बहनें	फौज	फौजें
बालिका	बालिकाएँ	माला	मालाएँ
लता	लताएँ	माता	माताएँ
अध्यापिका	अध्यापिकाएँ	पाठशाला	पाठशालाएँ
वस्तु	वस्तुएँ	ऋतु	ऋतुएँ

(3) अन्त में 'याँ' जोड़कर—

नदी	नदियाँ	रानी	रानियाँ
दासी	दासियाँ	रीति	रीतियाँ

(4) कर्ता को छोड़कर सभी कारकों में सभी शब्दों के अन्त में 'ओं' जोड़कर बहुवचन रूप बनाए जाते हैं—

गुरु	गुरुओं (ने, को, से,)	भाई	भाइयों
साधु	साधुओं	नाई	नाईयों

वचन के विषय में जानने योग्य बातें—

1. सम्मान के लिए एकवचन का बहुवचन में प्रयोग होता है।

(क) आप बड़े आदमी हैं।

(ख) श्री जवाहरलाल नेहरू जनता के नेता **थे**।
(ग) गांधीजी गरीबों तथा हरिजनों के **सच्चे** हित-चिन्तक **थे**।

2. कभी-कभी अधिकार या अभिमान प्रकट करने के लिए एकवचन को बहुवचन बना दिया जाता है—
(अ) **हमारा** मत है कि विज्ञान की शिक्षा पर जोर दिया जाए।
(आ) **हमारा** आदेश है कि अभियुक्त को उपस्थित किया जाए।

3. कभी-कभी शब्दों के बहुवचन रूप ही प्रयोग में आते हैं
(क) तू शब्द का रिवाज कम हो गया है। बच्चे या छात्र को ही 'तू' कहकर पुकारते हैं, और सब जगह **'तुम'** का प्रयोग होता है। वहुत छोटे बच्चे को, तुच्छ व्यक्ति को या फिर ईश्वर को 'तू' कहा जाता है।

4. लोग, दर्शन, प्राण, बाल (केश) हस्ताक्षर और आँसू शब्दों का सदा वहुवचन में ही प्रयोग होता है—

शुद्ध	**अशुद्ध**
तुम लोग आ गए !	तू आ गया।
सज्जनों के दर्शन सौभाग्य से होते हैं।	सज्जनों का दर्शन सौभाग्य से होता है।
तुमने मेरे प्राण बचाए।	तूने मेरा प्राण बचाया।
हमारे बाल धूप में सफेद नहीं हुए।	हमारा बाल धूप में सफेद नहीं हुआ।
तुम्हारे हस्ताक्षर ठीक नहीं हुए।	तुम्हारा हस्ताक्षर ठीक नहीं हुआ।

शकुन्तला की आँखों से आँसू बहने लगे।	शकुन्तला की आँखों से आँसू बहने लगा।

इतना ध्यान रखना चाहिए कि जब एक शब्द पहले लगा हो तो इन शब्दों का प्रयोग एकवचन हो सकता है। जैसे—

मेरा एक बाल टूट गया। एक-एक-साँस रुक-रुककर आ रही है। दायीं आँख से एक आँसू टपक पड़ा।

अभ्यास

1. वचन की परिभाषा लिखकर एक उदाहरण दीजिए।
2. दो ऐसे शब्द लिखिए जो केवल बहुवचन में प्रयुक्त होते हैं।
3. इनके बहुवचन लिखिए—
   फोड़ा, नारंगी, चिड़िया, खूँटी, बिटिया, गुड्डा, देवता, राजा, बात, मुनि, रीति, स्त्री, विद्वान्, हाथी, बालिका, कली, बछड़ा, गौ, भेड़िया, संतरा, सेव, बालक, अँगीठी, ताँगावाला, दावत, पिंजरा।
4. निम्नलिखित वाक्यों को शुद्ध करके लिखिए—
   (1) मेरी गुड़िया की आँखों भी हैं।
   (2) अतुल और अनिल कैसा लड़का है।
   (3) मैं फूलों की सुन्दरताओं पर मुग्ध हूँ।
   (4) दुर्घटना की खबर सुनकर मेरा प्राण निकल रहा है।
   (5) सबके मनों में बेचैनियाँ आ गईं।
   (6) वह स्त्री सोनों के गहनों में लदी है।
   (7) मेरी उन्नतियों में प्रधानाचार्य की गहरी रुचियाँ हैं।
   (8) वह ढेर सारियाँ कलियाँ ले आई।
5. प्रत्येक वाक्य के अन्त में मोटे शब्दों के वचन लिखिए—
   (i) **तोते** की बोली मधुर है। (एक वचन)
   (ii) **तोते** फल कुतर रहे हैं। (......)

(iii) पिछले **वर्ष** में महँगाई बढ़ी है। (……)
(iv) पाँच **वर्ष** पहले इतनी महँगाई न थी। (……)
(v) **ग्रन्थ** पढ़ा है। (……)
(vi) चारों **ग्रन्थ** श्रेष्ठ हैं। (……)
(vii) किसके **आदेश** से यहाँ आए हो। (……)
(viii) ये **आदेश** प्रधानमंत्री के हैं। (……)

□

7
कारक

परिभाषा—संज्ञा या सर्वनाम का क्रिया के साथ क्या सम्बन्ध है, इसे प्रकट करने के लिए उनमें जो चिह्न लगाए जाते हैं उन्हें कारक कहते हैं।

उदाहरण—

1. मैंने पुस्तक पढ़ी। (मैं—कर्त्ता कारक, पुस्तक—कर्म कारक)
2. यह काम मुझसे नहीं होगा। (मुझसे—करण कारक)
3. तुमसे चला नहीं जाता। (तुमसे—करण कारक)
4. हम इस ग्रन्थ को पढ़ चुके है। (ग्रन्थ को—कर्म कारक)
5. वृक्ष से पत्ते गिरते हैं। (वृक्ष से—अपादान कारक)
6. बालकों के लिए फल लाओ। (बालकों के लिए—सम्प्रदान कारक)
7. मेरी पुस्तक कहां है ? (मेरी—सम्बन्ध कारक)

8. हे राम ! हमारी रक्षा करो। (हे राम—सम्वोधन)
9. इस स्कूल में 500 बालक पढ़ते हैं। (स्कूल में—अधिकरण कारक)

कारक आठ हैं—कर्त्ता, कर्म, करण, सम्प्रदान, अपादान, सम्बन्ध, अधिकरण और सम्वोधन। प्रत्येक कारक के साथ क्रिया के साथ उसके सम्बन्ध के प्रकार को प्रकट करने के लिए प्रायः निम्नलिखित विभिक्तियाँ आती हैं, यद्यपि कहीं-कहीं इनका लोप भी हो जाता है।

1. कर्त्ता—ने 2. कर्म—को 3. करण—से
4. सम्प्रदान—के लिए 5. अपादान—से 6. सम्बन्ध—का, के, की
7. अधिकरण—में पै, पर 8. सम्बोधन—हे ! अरे !

परिभाषा—कारक के चिह्न को विभक्ति कहते हैं।

कर्त्ता का चिह्न (विभक्ति) 'ने' है; पर वह प्रयोगानुसार कहीं लगता है कहीं नहीं। जैसे—'मैंने कहा' इसमें 'मैंने' कर्त्ता कारक है। मैं जाता हूँ। इसमें 'ने' विभक्ति चिह्न के बिना भी कर्त्ता कारक है।

1. **कर्ता**—काम करने वाले को कर्त्ता कारक कहते हैं। जैसे—शीला पुस्तक पढ़ती हैं। पढ़ने का काम कौन करता है ? शीला। अतः शीला कर्त्ता कारक है।

2. **कर्म**—क्रिया के व्यापार (कार्य या चेष्टा) का फल जिस पर पड़े उसे कर्म कहते हैं। मैं पुस्तक पढ़ता हूँ—इसमें कौन पढ़ी जाती है ?—पुस्तक, अतः पुस्तक कर्म कारक है।

3. **करण**—कर्त्ता जिसके द्वारा काम करता या कराता है, उसे करण कारक कहते हैं। जैसे—रमेश **कलम** से लिखता है, अपनी **आँखों से** देख लो। यहाँ मोटे शब्द करण कारक हैं। करण कारक की विभक्ति 'से' है।

4. **सम्प्रदान**—जिसके लिए कुछ काम किया जाए या जिसे कुछ दिया जाए उसमें सम्प्रदान कारक होता है। जैसे—अनिल **पढ़ने के लिए** विद्यालय गया है। **भिखारी के लिए** भोजन दे दो। इनमें मोटे शब्द सम्प्रदान कारक हैं।

5. **अपादान**—जिससे कोई वस्तु अलग हो, उसे अपादान कारक कहते हैं। छीनना, सीखना, आना, लौटना, गिरना, जाना आदि अर्थों में भी अपादान कारक होता है। जैसे—**पेड़ से** पत्ते गिरते हैं। **बालक से** माचिस छीन लो। वह **बढ़ई से** काम सीख रहा है। पिताजी **बम्बई से** लौट आए हैं। बच्चा **झूले से** गिर पड़ा। तुम **यहां से** चले जाओ।

6. **सम्बन्ध**—संज्ञा या सर्वनाम का वह रूप जिससे दूसरे शब्दों के साथ उसका सम्बन्ध प्रकट हो। जैसे—

(1) यह **हमारा** कमरा है।

(2) **आपका** भाई कहाँ है ?

(3) क्या **तुम्हारे** पिता मंत्री हैं ?

(4) **राम के** राज्य में अत्याचार नहीं होता था।

(5) ये **किसकी** पुस्तकें हैं ?

(6) क्या **तुम्हारी** उनसे मित्रता है ?

7. **अधिकरण**—वस्तु के आधार को अधिकरण कहते हैं। जैसे—मैं कमरे में सोता हूँ। 'यहाँ कमरे में' अधिकरण है। स्कूल में, छत पर, घर में, गाँव में, देहात में, शहरों में, आकाश में, संसार में, विश्व में, भाइयों में, किस में, उनमें, किन में आदि अधिकरण कारक के उदाहरण हैं।

8. **सम्बोधन**—जिसे पुकारा या बुलाया जाए, उसे सम्बोधन कारक कहते हैं। जैसे—हे भाइयो ! अरे लड़के ! री कान्ता ! अरी नीलू ! ओ शकुन्तला ! अरी मैना ! हे भगवान !

अभ्यास

1. कारक की परिभाषा लिखकर उदाहरण दीजिए।
2. कारक के कौन-कौन से भेद हैं ? सबके नामों के सामने उनकी विभक्तियाँ लिखिये।
3. नीचे लिखे शब्दों के सब कारकों में रूप लिखिये—
   बापू, चिड़िया, गाड़ी, तोता, नदी।
4. जो शुद्ध वाक्य हैं, उनके सामने √ चिह्न लगाइए और जो अशुद्ध हैं उनके ··· सामने × चिह्न लगाइए—
   (अ) कारक आठ हैं। (···)
   (आ) सम्बोधन का प्रयोग पुकारने में होता है। (···)
   (इ) का के की—सम्प्रदान की विभक्तियाँ हैं। (···)
   (ई) कारण की विभक्ति 'से' अलग होने के अर्थ में है। (···)
   (उ) सभी ईकारान्त शब्द स्त्रीलिंग होते हैं। (···)
5. निम्नलिखित वाक्यों में से कर्त्ता कारक चुनिये—
   (1) शीला पुस्तक पढ़ती है।
   (2) लड़के स्कूल जा रहे हैं।
   (3) अनिल पत्र लिखता है।
   (4) पिता पुत्र को उपदेश देता है।
   (5) अध्यापिका लड़कियों को पढ़ाती है।
   (6) यह कहाँ जा रहा है ?
   (7) सभी दल चन्दा माँगते हैं।
   (8) बन्दर नाच दिखाता है।
   (9) लड़कियाँ गाना गाती हैं।
6. मोटे शब्दों के कारक बताइए—
   (क) **बालक** कितना तेज दौड़ता है।
   (ख) कितना मीठा आम है।

(ग) मैं तो पीड़ा के मारे मरा ।

(घ) तुमने झूठ बोलना नहीं छोड़ा ।

(ङ) इतनी मोटी औरत !

(च) देश के लिए वह कितनी वीरता से लड़ा !

(छ) भारत के वीरो ! शत्रु भागने न पाये ।

(ज) मैं मारे शर्म के मरी !

(झ) तुम परीक्षा में प्रथम आ गए ।

(ञ) कितनी गर्मी पड़ रही है ।

7. निम्नलिखित वाक्यों में से करण तथा सम्प्रदान कारक चुनिए—

(1) नीलू से कापी पर लिखा न गया ।

(2) माता के लिए फूल लाओ ।

(3) भिखारी के लिए अन्न दो ।

(4) बालक पढ़ने के लिए स्कूल गया ।

(5) यह काम आपके ही द्वारा हुआ है ।

(6) कूंची से चित्र बनाओ ।

(7) राम ने बाण से बालि को मारा ।

(8) आग लगने से कई झोंपड़ियाँ जल गईं ।

(9) आँखों से देखो ।

(10) बाँस से फल न गिराओ ।

8. निम्नलिखित वाक्यों में से अपादान कारक चुनिए—

(1) रमेश परिवार से अलग हो गया ।

(2) बालक से चाकू छीन लो ।

(3) गुरु जी से वीणा सीख रहा हूँ ।

(4) हम बम्बई से आ रहे हैं ।

(5) हम पिकनिक से लौट आए ।

(6) वृक्ष से फल गिरते हैं ।

(7) यहाँ से चले जाओ ।

9. अधोलिखित वाक्यों में से सम्बन्ध, अधिकरण तथा संबोधन कारक चुनिए—

(1) गाँव में सफाई नहीं रहती।
(2) री लड़की, जल्दी सवाल निकाल ले।
(3) रामू ! जल्दी चाय लाओ।
(4) अरे बच्चे ! रबड़ क्यों चबा रहा है ?
(5) हे भगवन् ! अब दया करो।
(6) प्रभो ! हमें शक्ति दीजिए।
(7) घर में जाकर स्कूल का काम करो।
(8) छत पर चारपाइयाँ डाल दो।
(9) विद्यालय में 30 कमरे हैं।
(10) हमारे देश में लगभग 65 करोड़ मनुष्य रहते हैं।
(11) भारत एशिया महाद्वीप में है।

□

8
सर्वनाम

नीलम एक अच्छी बालिका है। नीलम की माँ ने नीलम से कहा कि तुम विद्यालय जाओ और नीलम का पाठ पढ़ो। इन दो वाक्यों में दूसरा वाक्य कुछ अटपटा-सा लगता है; क्योंकि इसमें अपेक्षित स्थानों पर सर्वनाम शब्दों का प्रयोग नहीं हुआ। अपेक्षित स्थानों पर सर्वनाम शब्दों के प्रयोगों के बाद ये वाक्य इस प्रकार सुन्दर बन सकते हैं—

नीलम एक अच्छी बालिका है। **उसकी** माँ ने **उससे** कहा कि **तुम** विद्यालय जाओ और **अपना** पाठ पढ़ो।

इस वाक्य में मोटे शब्द सर्वनाम हैं।

मुख्य सर्वनाम ये हैं—मैं, तू, वह, यह, आप, कोई, कौन, कुछ।

इनके एकवचन से बहुवचन इस प्रकार बनते हैं—

मैं—हम। तू—तुम। यह—ये। वह—वे। आप—आप (नित्य-बहुवचन) कोई—कोई। कौन-सा—कौन से। कुछ—कुछ।

परिभाषा—जो शब्द संज्ञा के स्थान पर आकर उनकी पुनरावृत्ति रोकते हैं, वे सर्वनाम कहलाते हैं।

जैसे—रमेश को देखो, **वह अपनी** पुस्तक पढ़ रहा है और उसे भूख-प्यास की भी चिन्ता नहीं।

यहाँ **वह, अपनी, उसे**—ये सर्वनाम हैं।

सर्वनाम के भेद

सर्वनाम निम्न पाँच प्रकार के होते हैं—

1. पुरुषवाचक सर्वनाम
2. निश्चयवाचक सर्वनाम
3. अनिश्चयवाचक सर्वनाम
4. सम्बन्धवाचक सर्वनाम
5. प्रश्नवाचक सर्वनाम

1. पुरुषवाचक सर्वनाम

परिभाषा—जो सर्वनाम बोलने वाले, सुनने वाले अथवा किसी तीसरे व्यक्ति के लिए प्रयोग में आते हैं, वे पुरुषवाचक सर्वनाम कहलाते हैं।

पुरुषवाचक सर्वनाम के भेद

पुरुषवाचक सर्वनाम के तीन भेद हैं—

(क) अन्य पुरुषवाचक—किसी अन्य के लिए प्रयुक्त—
वह, उसका, वे, उनकी, कोई आदि।

(ख) मध्यम पुरुषवाचक—सुनने वाले के लिए प्रयुक्त—
तू, तुम, आप आदि।

(ग) उत्तम पुरुषवाचक—बोलने वाले के लिए प्रयुक्त—
मैं, हम, अपने-आप आदि।

2. **निश्चयवाचक सर्वनाम**

परिभाषा—जो सर्वनाम किसी निश्चित व्यक्ति या वस्तु का बोध कराएँ, वे निश्चयवाचक सर्वनाम कहलाते हैं।

जैसे—यह, ये, वह, वे।

3. **अनिश्चयवाचक सर्वनाम**

परिभाषा—जिन सर्वनामों से किसी निश्चित व्यक्ति या वस्तु का बोध न हो, वे अनिश्चयवाचक सर्वनाम कहलाते हैं।

जैसे—तुमने **कुछ** कहा ? **कोई** जा रहा है ?

4. **सम्बन्धवाचक सर्वनाम**

परिभाषा—वे सर्वनाम जो सदा साथ-साथ प्रयुक्त होतेहैं, सम्बन्धवाचक सर्वनाम कहलाते हैं।

जैसे—

(1) **जैसा** करोगे, **वैसा** भरोगे।

(2) **जो** मन लगाकर पढ़ेगा, **वह** अवश्य उत्तीर्ण होगा।

(3) **जो** कल करना, **सो** आज कर ले।

(4) **जिसकी** लाठी **उसकी** भैंस।

(5) **जो** सोयेगा **सो** खोयेगा।

प्रश्नवाचक सर्वनाम

परिभाषा—जो सर्वनाम प्रश्न पूछने के लिए प्रयोग में आते

हैं, वे प्रश्नवाचक सर्वनाम कहलाते हैं।

जैसे—

(1) सम्मेलन में **कौन-कौन** आया था ?
(2) वह **कहाँ** से आया है ?
(3) आपने **क्या** देखा ?
(4) वह **क्या** कर रहा था ?

सर्वनामों के बारे में जानने योग्य बातें

1. हम, तुम, ये, वे—ये क्रमशः मैं, तू, यह, वह के बहुवचन रूप हैं; परन्तु **सम्मान, अभिमान** या **अधिकार** प्रकट करने के लिए इनका एक के लिए भी बहुवचन में प्रयोग होता है।

2. आप शब्द स्वयं के लिए भी आता है। जैसे—

मैं अपना काम **आप** करूँगा।

और मध्यम पुरुष में भी 'आप' का प्रयोग होता है। जैसे—

गुरुजी ! **आप** कब आए ?

सर्वनाम शब्दों की रूपावली

यह (अन्य पुरुषवाचक अथवा निश्चयवाचक)

(पुं० स्त्री०—दोनों लिंगों में समान)

कारक	**एकवचन**	**बहुवचन**
कर्त्ता	यह, इसने	ये, इन्होंने
कर्म	इसको, इसे	इनको, इन्हें
करण	इससे, के द्वारा	इनसे, के द्वारा
सम्प्रदान	इसे, इसके लिए	इन्हें, इनके लिए
अपादान	इससे	इनसे
सम्बन्ध	इसका, के, की	इनका, के की
अधिकरण	इसमें, पर	इनमें, पर

विशेष—सर्वनामों का सम्बोधन नहीं होता।

वह (अन्य पुरुषवाचक अथवा निश्चयवाचक)

कारक	एकवचन	बहुवचन
कर्त्ता	वह, उसने	वे, उन्होंने
कर्म	उसको, उसे	उनको, उन्हें,
करण	उससे, उसके द्वारा	उनसे, उनसे द्वारा
सम्प्रदान	उसको, उसे, उसके लिए	उनको, उन्हें उनके लिए
अपादान	उससे	उनसे
सम्बन्ध	उसका, के, की	उनमें, पर
अधिकरण	उसमें, पर	उनका, के, की

तू (मध्यम पुरुषवाचक)

कर्त्ता	तू, तूने	तुम, तुमने
कर्म	तुझको, तुझे	तुमको, तुम्हें
करण	तुझसे, तेरे द्वारा	तुमसे, तुम्हारे द्वारा
सम्प्रदान	तुझको, तुझे, तेरे लिए	तुमको, तुम्हें, तुम्हारे लिए
अपादान	तुझसे	तुमसे
सम्वन्ध	तेरा, रे, री	तुम्हारा, रे, री
अधिकरण	तुझमें, पर	तुममें, पर

आप (मध्यम पुरुषवाचक)
(यह नित्य वहुवचन होता है)

	बहुवचन
कर्त्ता	आप, आपने
कर्म	आपको

बहुवचन

करण	आपसे, के द्वारा
सम्प्रदान	आपको, के लिए
अपादान	आप से
सम्बन्ध	आपका, के, की
अधिकरण	आप में, पर

(अपने) **आप** (स्वयंवाचक)
(तीनों पुरुषों में समान रूप)

एकवचन-बहुवचन में समान रूप

कर्त्ता	(अपने) आप
कर्म	(अपने) आपको
करण	(") आपसे
सम्प्रदान	(") आपको, अपने के लिए
अपादान	अपने से
सम्बन्ध	अपना, अपने, अपनी
अधिकरण	अपने-आपमें, पर

सब (अनिश्चयवाचक)
(सदा बहुवचन)

कर्त्ता	सब, सबने
कर्म	सब को
करण	सबसे, सबके द्वारा
सम्प्रदान	सबको, के लिए
अपादान	सबसे
सम्बन्ध	सबका, के, की
अधिकरण	सब में, पर

कोई (अन्य पुरुष)

कारक	**एकवचन**	**बहुवचन**
कर्त्ता	कोई, किसी ने	कोई, किन्हीं ने
कर्म	किसी को	किन्हीं को
करण	किसी से, के द्वारा	किन्हीं से, के द्वारा
सम्प्रदान	किसी को, के लिए	किन्हीं को, के लिए
अपादान	किसी से	किन्हीं से
सम्वन्ध	किसी का, के, की	किन्हीं का, के, की
अधिकरण	किसो में, पर	किन्हीं में, पर

जो (सम्वन्धवाचक)

कर्त्ता	जो, जिसने	जो, जिन्होंने
कर्म	जिसको, जिसे	जिनको, जिन्हें
करण	जिससे, के द्वारा	जिनसे, के द्वारा
सम्प्रदान	जिसको, जिसे, जिसके लिए	जिनको, जिन्हें, जिनके लिए
अपादान	जिससे	जिनसे
सम्वन्ध	जिसका, के, की	जिनका, के, की
अधिकरण	जिसमें, पर	जिनमें, पर

कौन (प्रश्नवाचक)

कर्त्ता	कौन, किसने	कौन, किन्होंने
कर्म	किसे, किसको,	किन्हें, किनको
करण	किससे, के द्वारा	किनसे, के द्वारा
सम्प्रदान	किसे, किसको किसके लिए	किन्हें, किनको, किनके लिए
अपादान	किससे	किनसे
सम्वन्ध	किसका, के, की	किनका, के, की
अधिकरण	किसमें, पर	किनमें, पर

अभ्यास

1. नीचे लिखे वाक्यों में आए सर्वनाम शब्द आगे के खाली स्थानों पर लिखें।

   रामू अपनी माता की आज्ञा मानता है। (अपनी)
   अध्यापिका ने रमा से कहा कि वह प्रश्न का उत्तर दे। ...
   पिता ने अनिल से कहा, तुम सवेरे उठा करो। ...
   लता, कान्ता और नीलू बोली—हम भी जाएँगी। ...
   कोई गाती है और कोई नाचती है। ...
   बिलाव को आते देखकर गिद्ध ने कहा—कौन जा रहा है। ...

2. निम्नलिखित सर्वनामों में से किन्हीं 10 का प्रयोग करके अपने वाक्य बनाइए—

   यह, कोई, हम, तुम, वह, आप, कौन, तू, मैं, कुछ, ये, वे, किसे, किनमें, किससे।

3. नीचे लिखे वाक्यों में एक ही संज्ञा शब्द कई बार दिए गए हैं, जिससे वाक्य भद्दे लगते हैं, अतः ठीक स्थान पर उचित सर्वनाम लिखकर वाक्य ठीक करके दुबारा लिखें—

   (क) रमेश रमेश की पुस्तक पढ़ रहा है। रमेश अपनी पुस्तक पढ़ रहा है।
   (ख) नीलू नीलू की गुड़िया से खेल रही है।
   (ग) लता ने लता के भाई से पुस्तक मांगी।
   (घ) नरेश नरेश की मां की आज्ञा मानता है।
   (ङ) सोहन ने कहा कि सोहन घर जा रहा है।
   (च) रमेश ! यदि रमेश न आता तो क्या होता ?

4. सर्वनाम की परिभाषा लिखकर एक-एक उदाहरण भी दीजिए।
5. सर्वनाम में मुख्य भेदों का नाम लिखकर एक-एक उदाहरण भी दीजिए।

6. 'वह' के कर्त्ता, कर्म में, 'मैं' के करण, सम्प्रदान में, 'तू' के अपादान, सम्बन्ध और अधिकरण में रूप लिखिए ।
7. 'आप' निजवाचक तथा आप मध्यम पुरुषवाचक (आदरार्थं) में अन्तर एक-एक उदाहरण देकर स्पष्ट कीजिए ।

□

9

विशेषण

परिभाषा—जो शब्द संज्ञा या सर्वनाम की विशेषता बतायें, उन्हें विशेषण कहते हैं ।

गुण, दोष, अवस्था, रंग-रूप, संख्या (गिनती) परिमाण नाप-तौल आदि को विशेषता कहते हैं ।

जैसे—लता **अच्छी** लड़की है । अनिल **योग्य** बालक है । यह फूल **सुन्दर** है । यह पुस्तक **उपयोगी** है । मेरा कोट **नीला** है । रमन **मोटा** है ।

इन वाक्यों में जो शब्द मोटे हैं, वे सब विशेषण हैं ।

विशेष्य—विशेषण शब्द जिन शब्दों को विशेषता प्रकट करें, उन्हें विशेष्य कहते हैं । जैसे—

विशेष्य	**विशेषण**	**विशेष्य**	**विशेषण**
लड़की	अच्छी	बालक	योग्य
फल	सुन्दर	पुस्तक	उपयोगी
कोट	नीला	रमन	मोटा

विशेषण के भेद

विशेषण द्वारा हम या तो किसी संज्ञा अथवा सर्वनाम का गुण-दोष बताते हैं, या उसकी संख्या बताते हैं, या उसकी नाप-तौल बताते हैं, या संज्ञा की ओर निर्देश (संकेत) करते हैं। अत: विशेषणों के चार भेद हैं—

विशेषण

1. गुणवाचक
2. संख्यावाचक
3. परिमाण-वाचक
4. सार्वनामिक या संकेतवाचक

1. गुणवाचक विशेषण

परिभाषा—जो विशेषण किसी संज्ञा या सर्वनाम के गुण या दोष को प्रकट करे, उसे गुणवाचक विशेषण कहते हैं।

जैसे—गीदड़ **डरपोक** होता है। बच्चे **भोले-भाले** होते हैं। बसन्त पंचमी के मेले में लड़कियाँ **पीली** चुनरियाँ पहने थीं। नन्दन **मासिक** पत्रिका है। यह बालक **परिश्रमी** है। यह मार्ग **टेढ़ा-मेढ़ा** है।

2. संख्यावाचक विशेषण

परिभाषा—जो विशेषण संख्या (गिनती, क्रम, आवृत्ति या समुदाय) बताएँ, उन्हें संख्यावाचक विशेषण कहते हैं।

जैसे—

(1) **चार** बालक आए थे।
(2) **तीसरा** छात्र योग्य है।
(3) वैसे **चारों** बालक स्वस्थ हैं।
(4) **दोनों** बच्चे सुन्दर हैं।

संख्यावाचक विशेषण के भेद

संख्यावाचक विशेषण के दो भेद हैं—

(1) **निश्चित संख्यावाचक**—दो, दूसरा, दोनों इत्यादि।

(2) **अनिश्चित संख्यावाचक**—कुछ, थोड़े-से, इने-गिने इत्यादि।

3. परिमाणवाचक विशेषण

परिभाषा—जिस विशेषण से किसी संज्ञा या सर्वनाम की मात्रा (नाप-तौल) का पता चले, उसे परिमाणवाचक विशेषण कहते हैं।

जैसे—

(1) **एक किलोग्राम** आलू लाओ।

(2) **दो लीटर** दूध लाओ।

(3) **चार मीटर** कपड़ा लाओ।

पारमाणमाचक विशेषण के भेद

परिमाणवाचक विशेषण के दो भेद हैं।

(1) **निश्चित परिमाणवाचक**—जैसे—दो किलो चावल।
तीन किलो सेब।

(2) **अनिश्चित परिमाणवाचक**—थोड़े-से चावल।
थोड़ा-सा दूध।

4. सार्वनामिक या संकेतवाचक विशेषण

परिभाषा—जो सर्वनाम शब्द संज्ञा शब्दों से पहले आकर संज्ञा शब्दों की ओर संकेत करते हैं, वे सार्वनामिक विशेषण या संकेतवाचक विशेषण कहलाते हैं। जैसे—

यह छात्र योग्य है।

वह बालिका परिश्रमी नहीं है।

उस चोर ने क्या उत्तर दिया ?

उस नीच को यहाँ लाओ।

सर्वनाम तथा सार्वनामिक विशेषण में अन्तर

वाक्य में जहाँ अकेला **सर्वनाम** आए वह सर्वनाम होगा; परन्तु यदि वह संज्ञा से पूर्व या बाद में आए, तो वह सार्वनामिक विशेषण होगा।

जैसे—

वह आया है।	(सर्वनाम)
वह बालक आया है।	(सार्वनामिक या संकेतवाचक विशेषण)
कुछ कहिए।	(सर्वनाम)
कुछ बात कीजिए।	(सार्वनामिक विशेषण)

विशेषण पदबन्ध

परिभाषा—कई बार बहुत-से शब्द विशेषण का काम करते हैं। ये विशेषण पदबन्ध कहलाते हैं। जैसे—

दशरथ का पुत्र राम...।

मेरा शिष्य अशोक...।

भारत की राजधानी के निवासी लोग...।

आजकल के **जमाने के** लोग...।

विशेषणों की तुलना

(क) किसी में साधारण विशेषता होती है, किसी में किसी की तुलना में कम या अधिक, किसी में सबसे अधिक या सबसे कम। इस प्रकार विशेषता की मात्रानुसार विशेषण की तीन अवस्थाएँ हो जाती हैं—

1. मूलावस्था
2. उत्तरावस्था
3. उत्तमावस्था

1. मूलावस्था

परिभाषा—जिस विशेषण से केवल एक व्यक्ति या वस्तु की विशेषता बताई जाए उसे मूलावस्था कहते हैं।

जैसे—

(1) रमेश अच्छा खिलाड़ी है।
(2) विजय तेज धावक है।

2. उत्तरावस्था

परिभाषा—जहाँ दो वस्तुओं या व्यक्तियों की तुलना करके एक को दूसरे से अधिक या कम बताया जाता है, उसे उत्तरावस्था कहते हैं। जैसे—

(1) मोहन की अपेक्षा सोहन तीक्ष्ण बुद्धिवाला है।
(2) रमेश नरेश से अधिक अच्छा खिलाड़ी है।

3. उत्तमावस्था

परिभाषा—जहाँ एक वस्तु या व्यक्ति को उसके वर्ग की अन्य वस्तुओं या व्यक्तियों से वढ़-चढ़कर बताया जाता है, उसे उत्तमावस्था कहते हैं।

जैसे—रमेश अपने स्कूल के सब खिलाड़ियों से अच्छा खिलाड़ी है।

संस्कृत से हिन्दी में आए शब्दों में 'तर' और 'तम' प्रत्यय लगाकर उत्तरावस्था और उत्तमावस्था के विशेषण बनाए जाते हैं। जैसे—

मूलावस्था	**उत्तरावस्था**	**उत्तमावस्था**
कोमल	कोमलतर	कोमलतम
प्रिय	प्रियतर	प्रियतम
महान्	महत्तर	महत्तम
बलवान्	वलवत्तर	वलवत्तम

मूलावस्था	उत्तरावस्था	उत्तमावस्था
लघु	लघुतर	लघुतम
दीर्घ	दीर्घतर	दीर्घतम
सुन्दर	सुन्दरतर	सुन्दरतम

अभ्यास

1. नीचे लिखे वाक्यों में जो शब्द संज्ञा और सर्वनाम शब्दों की विशेषता बतलाते हों, उन्हें सामने खाली स्थानों में लिखिए । प्रत्येक विशेषण का विशेष्य उसके सामने लिखिए—

	विशेषण	विशेष्य
(1) अच्छी लड़की आई ।	अच्छी	लड़की-संज्ञा
(2) वह लम्बा है ।	......	......
(3) यह मोटा है ।	......	......
(4) तुम अच्छे हो ।	......	......
(5) छोटी कापी ले आओ ।	......	......
(6) हमारी गाय काली है ।	......	......

2. विशेषण की परिभाषा लिखकर, विशेष्य तथा विशेषण का एक-एक उदाहरण दीजिए ।
3. विशेषण के सब भेदों के नाम लिखकर उनका एक-एक उदाहरण दीजिए ।
4. इनकी उत्तरावस्था तथा उत्तमावस्था लिखिए—
   कोमल, सुन्दर, प्रिय, योग्य, महान् ।
5. अनिश्चित परिमाणवाचक तथा अनिश्चित संख्यावाचक विशेषणों का एक-एक उदाहरण लिखिए ।

□

10
क्रिया

परिभाषा—जिस शब्द से किसी काम का करना या होना प्रकट हो, उसे क्रिया कहते हैं।

जैसे—बालक लिखता है। यहाँ 'लिखता है' क्रिया है। हिन्दी में क्रिया प्राय: वाक्य के अन्त में आती है।

धातु—क्रिया के मूल रूप को धातु कहते हैं। जैसे—हो, खा, जा, पढ़, लिख, भाग, दौड़, चढ़, उतर आदि।

क्रिया का सामान्य रूप—धातु के आगे 'ना' लगाने से क्रिया का सामान्य रूप बनता है। जैसे—होना, खाना, जाना, पढ़ना, लिखना, भागना, दौड़ना, चढ़ना, उतरना आदि।

नीचे लिखे वाक्यों में आई क्रियाएँ चुनकर आगे के खाली स्थानों पर लिख दी गई हैं—

वाक्य	क्रिया
1. विद्यालय में हम सब पढ़ते हैं।	पढ़ते हैं।
2. बालिका विद्यालय को जाती है।	जाती है।
3. तुम क्या करते हो ?	करते हो ?
4. लड़कियां गुड़ियों से खेलती हैं।	खेलती हैं।
5. हम आँखों से देखते हैं।	देखते हैं।
6. वे मन्दिर में जाते हैं।	जाते हैं।
7. हम उस विद्यालय में पढ़ते थे।	पढ़ते थे।
8. तुम कब लौटोगे ?	लौटोगे ?

क्रिया के प्रकार (भेद)

कर्म होने या न होने की दृष्टि से क्रिया के दो प्रकार हैं—

1. सकर्मक क्रिया
2. अकर्मक क्रिया

1. सकर्मक क्रिया

परिभाषा—जिस क्रिया का फल (असर) कर्म पर पड़े, उसे सकर्मक कहते हैं।

जैसे—1. मैं पुस्तक पढ़ता हूं। (पुस्तक पढ़ी जाती है।)
2. बालक फल खाता है। (फल खाया जाता है।)

2. अकर्मक क्रिया

परिभाषा—जिस क्रिया का फल कर्त्ता पर पड़े, उसे अकर्मक क्रिया कहते हैं।

जैसे—1. मैं भागता हूँ। (भागने का असर मुझ पर पड़ता है।)
2. वह बालिका सोती है। (सोने का प्रभाव बालिका पर पड़ता है।)

अकर्मक क्रिया के भेद—

अकर्मक क्रिया के दो भेद हैं—एककर्मक क्रिया व द्विकर्मक क्रिया—

(क) **एककर्मक क्रिया**—जिस क्रिया का केवल एक कर्म हो।
जैसे—पिताजी **समाचार पत्र** पढ़ते हैं।

(ख) **द्विकर्मक क्रिया** जिस क्रिया के दो कर्म हों।
जैसे—समाचार पत्र **हमको समाचार** देते हैं।
(1) (2)

अभ्यास

1. नीचे लिखे वाक्यों में से कौन-सा वाक्य सकर्मक है और कौन-सा अकर्मक ?
   (1) तुम शिमला कब आए थे ?
   (2) चाचा जी बम्बई कब आएँगे ?
2. नीचे लिखे वाक्यों में रिक्त स्थानों में उचित क्रियाएँ लिखिए—
   (1) रमा गाना......।
   (2) इन्दिरा अमेरिका......।
   (3) बालक पढ़......।
   (4) माँ बच्चे को गोद में लिए......।
   (5) मैं अपने सब काम ठीक समय पर......।
3. इन क्रियाओं से पहले के खाली स्थानों में उचित संज्ञा शब्द लगाइए—
   (1) यह..... बहुत अच्छे कपड़े धोता है।
   (2) गणित के......बहुत अच्छा पढ़ाते हैं।
   (3) तेज......चली तो पेड़ हिलने लगे।
   (4) वीर......युद्ध में वीरता से लड़ते हैं।
   (5) ......की सदा विजय होती है।

□

11

अपूर्ण क्रिया और पूरक शब्द

अपूर्ण क्रिया—

परिभाषा—कर्म के अभाव में अथवा कर्म के रहते हुए भी कुछ क्रियाओं का भाव अस्पष्ट तथा अपूर्ण रहता है और भाव

को स्पष्ट करने के लिए किसी अन्य शब्द की आवश्यकता पड़ती है—ऐसी क्रिया अपूर्व क्रिया कहलाती है।

उदाहरण—

(1) मोहन है। (मोहन एक छात्र है।)
(2) अतुल था। (अतुल हमारा शिष्य था।)
(3) शकुन्तला देवी होगी। (शकुन्तला देवी प्रधानाचार्या होगी।)

पूरक शब्द

परिभाषा—वह शब्द जो अपूर्व क्रिया के भाव को पूर्ण करने के लिए प्रयुक्त हो, पूरक कहलाता है।

जैसे—ऊपर के वाक्यों में—एक छात्र, हमारा शिष्य, प्रधानाचार्या—ये शब्द पूरक हैं।

प्रयोग की दृष्टि से क्रिया के प्रकार

प्रयोग की दृष्टि से क्रिया के पांच प्रकार है—

1. **सामान्य क्रिया**—जव किसी वाक्य में एक ही क्रिया का प्रयोग हो। जैसे—वह गया। उसने खाया। तुमने पढ़ा।
2. **संयुक्त क्रिया**—जव वाक्य में दो या दो से अधिक क्रियाओं का प्रयोग हो जैसे वह पढ़ चुका है। तुम लिख सकते हो। मैं जाना चाहता हूँ।

3. **नामधातु क्रिया**—जो क्रिया धातु से नहीं, बल्कि संज्ञा, सर्वनाम या विशेषण से बनती हैं। जैसे—शर्म से शर्माना, हाथ से हथियाना, दु:ख से दुखाना, बदला से वदलना।

4. **प्रेरणार्थक क्रिया**—जहाँ कर्त्ता स्वयं कर्म न करके किसी दूसरे को कार्य करने की प्रेरणा दे। जैसे—खाना से खिलाना, पढ़ना से पढ़ाना, लिखना से लिखाना।

उदाहरण—वालक पत्र पढ़ता है। ग्रामीण बालक से पत्र

पढ़वाता है। इस वाक्य में 'पढ़वाता है' क्रिया प्रेरणार्थक है। पहला कर्त्ता 'ग्रामीण' प्रेरक कर्त्ता है और 'बालक' प्रेरित कर्त्ता।

प्रेरणार्थक क्रियाएँ

क्रिया का सामान्य रूप	**पहली प्रेरणा**	**दूसरी प्रेरणा**
उठना	उठाना	उठवाना
जीतना	जिताना	जितवाना
कहना	कहलाना	कहलवाना
धोना	धुलाना	धुलवाना
पढ़ना	पढ़ाना	पढ़वाना
रखना	रखाना	रखवाना
छोड़ना	छुड़ाना	छुड़वाना
चलना	चलाना	चलवाना

5. **पूर्वकालिक क्रिया**—जो क्रिया मुख्य क्रिया से पहले आए, जैसे—मैं **पढ़कर** सोऊँगा। तुम खाना **खाकर** जाना।

अभ्यास

1. अपूर्ण क्रिया किसे कहते हैं, और पूरक किसे ? उदाहरण के रूप में एक वाक्य लिखकर स्पष्ट कीजिए।
2. प्रयोग की दृष्टि से क्रिया के कितने प्रकार हैं ? सबका एक-एक उदाहरण दीजिए।
3. नीचे लिखी क्रियाओं में से कौन-सी सकर्मक हैं और कौन-सी अकर्मक ?—मरना, जीना, पढ़ना, पिसना, गिरना, हटना, टूटना, तोड़ना।
4. कौन-सा क्रिया-भेद है—

गिराना ......(नामधातु/प्रेरणार्थक)

खा जाना ......(सामान्य क्रिया/संयुक्त क्रिया)

बेचता	......(सामान्य क्रिया/प्रेरणार्थक)
लेकर	......(संयुक्त/पूर्वकालिक)

□

12
क्रिया के काल

क्रिया तीन कालों में होती है—1. या तो वह इस समय हो रही है—इसे वर्तमान काल कहते हैं, 2. या क्रिया हो चुकी है—इसे भूतकाल कहते हैं, 3. या आगे होगी—इसे भविष्यत् काल कहते हैं।

वर्तमान काल	भूतकाल	भविष्यत् काल
है	था	होगा
करता है	करता था	करेगा
खा रहा है	खा रहा था	खाएगा
पढ़ता है	पढ़ता था।	पढ़ेगा

1. **वर्तमान काल**—क्रिया के जिस रूप से यह जाना जाए कि काम अभी समाप्त नहीं है, चल रहा है उसे वर्तमान काल की क्रिया कहते हैं।

2. **भूतकाल**— क्रिया के जिस रूप से यह जाना जाए कि काम वीते समय में हो चुका है; उसे भूतकाल कि क्रिया कहते हैं। जैसे अनिल विद्यालय गया था।

3. **भविष्यत् काल**—क्रिया के जिस रूप से यह पता चले कि क्रिया अभी होगी, उसे भविष्यत् काल की क्रिया कहते हैं।

जैसे—अनिल बी० ए० में उत्तीर्ण हो जाएगा, तो एम० ए० में पढ़ेगा।

अभ्यास

1. नीचे लिखे वाक्यों में से केवल भविष्यत् काल की क्रियाओं के अन्त में चिह्न लगाइए—
   चिड़िया उड़ती है। लता पढ़ती थी। कुत्ता भौंकेगा। हम बाग में जाते थे। वायुयान आकाश में उड़ा। अपनी पूरी पुस्तक पढ़ डाली। तुम बम्बई कब जाओगे? माला कब आएँगी। मैं जाता हूं, तुम कब पढ़ोगे? वह कल खेलेगा।
2. नीचे लिखे प्रत्येक वाक्य के कोष्ठक (······) में दिए गए काल की क्रिया लगाइए—

1. मैं चाय······	(भविष्यत् काल)
2. कल मेरे भाई की चिट्ठी······	(भूतकाल)
3. लता अपना पाठ······	(वर्तमान काल)
4. हम कल हॉकी का मैच······	(भविष्यत् काल)
5. अच्छे बालक सदा सत्य······	(वर्तमान काल)
6. कुत्ते को देखकर कुत्ते······	(भूत काल)

□

13
काल के उपभेद

काल के तीन प्रमुख भेद हैं, यह पिछले पाठ में बताया जा चुका है। अब काल के तीनों भेदों के उपभेद बताए जाते हैं।

वर्तमान काल	भूत काल	भविष्यत् काल
1. सामान्य वर्तमान	1. सामान्य भूत	1. सामान्य भविष्यत्
2. अपूर्ण वर्तमान	2. आसन्न भूत	2. सातत्य बोधक भविष्यत्
3. पूर्ण वर्तमान	3. अपूर्ण भूत	3. पूर्ण भविष्यत्
4. संदिग्ध वर्तमान	4. पूर्ण भूत	4. संभाव्य भविष्यत्
	5. संदिग्ध भूत	
	6. हेतुहेतुमद्भूत	

वर्तमान काल के चार उपभेद हैं—

(1) **सामान्य वर्तमान काल**—वर्तमान काल की क्रिया का सामान्य (साधारण) रूप।

जैसे—अनिल आता है।

(2) **अपूर्ण वर्तमान काल**—जो क्रिया अभी जारी है, उसे अपूर्ण वर्तमान कहते हैं।

जैसे—अनिल आ रहा है।

(3) **पूर्ण वर्तमान काल**—जो क्रिया पूर्ण हो चुकी है, उसे पूर्ण वर्तमान कहते हैं।

जैसे—अनिल आ चुका है।

(4) **संदिग्ध वर्तमान काल**—वर्तमान की क्रिया में जहाँ सन्देह प्रकट हो।

जैसे—इस समय अनिल आता होगा।

भूतकाल के छः उपभेद हैं—

(1) **सामान्य भूत**—भूत काल का साधरण रूप।

जैसे – मामी चली गई।

(2) **आसन्न भूत**—जो क्रिया अभी समाप्त हुई है।

जैसे—अनिल ने पत्र लिखा है।

(3) **अपूर्ण भूत**—जहाँ भूतकाल की क्रिया जारी हो।

जैसे—प्रधानमन्त्री जी गाँव की ओर जा रहे थे।

(4) **पूर्ण भूत**—जहाँ भूतकाल की क्रिया समाप्त हो चुकी हो।

जैसे—जब हम स्टेशन पर पहुँचे, तो गाड़ी जा चुकी थी।

(5) **संदिग्ध भूत**—जहाँ भूतकाल की क्रिया में सन्देह हो।

जैसे—सम्भवतः तुम्हें मेरा पत्र मिला होगा।

(6) **हेतुहेतुमद्भूत**—यदि वह परिश्रम करता, तो उत्तीर्ण हो जाता।

भविष्यत् काल के भेद—

भविष्यत् काल के निम्नलिखित चार भेद हैं।

(1) **सामान्य भविष्यत्**—भविष्यत् काल की क्रिया का साधारण रूप।

जैसे—हम गर्मियों में शिमला जाएँगे।

(2) **सातत्य बोधक भविष्यत्**—जहाँ भविष्य में क्रिया के सतत होते रहने का बोध हो।

जैसे—रमेश प्रतिदिन समय पर स्कूल जाता रहेगा।

(3) **पूर्ण भविष्यत्**—जहाँ भविष्य में क्रिया के पूर्ण होने का बोध हो।

जैसे—यह सड़क अगले महीने बनकर तैयार हो जाएगी। बढ़ई शाम तक मेज को पूरा बना चुकेगा।

(4) **सम्भाव्य भविष्यत्**—जहाँ भविष्य में क्रिया के होने की सम्भावना या सन्देह प्रकट हो।

जैसे—शायद आज शाम को वर्षा हो। जब तुम यहाँ आओगे, तो सम्भवतः मैं जा चुका होऊँगा।

क्रियाओं की रूपावली

कर्तृवाच्य

सकर्मक 'जाना' धातु

वर्तमान काल

1. सामान्य वर्तमान

	पुंल्लिग एकवचन/बहुवचन	स्त्रीलिंग एकवचन/बहुवचन
उ० पु०	मैं जाता हूँ।	मैं जाती हूँ।
	हम जाते हैं।	हम जाती हैं।
म० पु०	तू जाता है।	तू जाती है।
	तुम जाते हो।	तुम जाती हो।
अ० पु०	वह जाता है।	वह जाती है।
	वे जाते हैं।	वे जाती हैं।

2. अपूर्ण वर्तमान

उ० पु०	मैं जा रहा हूँ।	मैं जा रही हूँ।
	हम जा रहे हैं।	हम जा रही हैं।
म० पु०	तू जा रहा है।	तू जा रही है।
	तुम जा रहे हो।	तुम जा रही हो।
अ० पु०	वह जा रहा है।	वह जा रही है।
	वे जा रहे हैं।	वे जा रही हैं।

3. पूर्ण वर्तमान

उ० पु०	मैं जा चुका हूँ।	मैं जा चुकी हूँ।
	हम जा चुके हैं।	हम जा चुकी हैं।
म० पु०	तू जा चुका है।	तू जा चुकी है।
	तुम/आप जा चुके हो।	तुम/आप जा चुकी हो।
अ० पु०	वह जा चुका है।	वह जा चुकी है।
	वे जा चके हैं।	वे जा चुकी हैं।

4. संदिग्ध वर्तमान

	पुंल्लिग	स्त्रीलिंग
उ० पु०	मैं जाता होऊँगा ।	मैं जाती हूँगी ।
	हम जाते होंगे ।	हम जाती होंगी ।
म० पु०	तू जाता होगा ।	तू जाती होगी ।
	तुम जाते होगे ।	तुम जाती होगी ।
अ० पु०	वह जाता होगा ।	वह जाती होगी ।
	वे जाते होंगे ।	वे जाती होंगी ।

भूतकाल

1. सामान्य भूत

उ० पु०	मैं गया ।	मैं गई ।
	हम गये ।	हम गईं ।
म० पु०	तू गया ।	तू गई ।
	तुम/आप गये ।	तुम गईं ।
अ० पु०	वह गया ।	वह गई ।
	वे गये ।	वे गईं ।

2. आसन्नभूत

उ० पु०	मैं गया हूँ ।	मैं गई हूँ ।
	हम गये हैं ।	हम गई हैं ।
म० पु०	तू गया है ।	तू गई है ।
	तुम/आप गये हो ।	तुम/आप गई हो ।
अ० पु०	वह गया है ।	वह गई है ।
	वे गये हैं ।	वे गई हैं ।

3. अपूर्णभूत

उ० पु०	मैं जा रहा था ।	मैं जा रही थी ।
	हम जा रहे थे ।	हम जा रही थीं ।

	पुंल्लिग	स्त्रीलिंग
म० पु०	तू जा रहा था।	तू जा रही थी।
	तुम/आप जा रहे थे।	तुम/आप जा रही थीं।
अ० पु०	वह जा रहा था।	वह जा रही थी।
	वे जा रहे थे।	वे जा रही थीं।

4. पूर्ण भूत

उ० पु०	तू जा चुका था।	हम जा चुकी थीं।
	हम जा चुके थे।	हम जा चुकी थीं।
म० पु०	तू जा चुका था।	तू जा चुकी थी।
	तुम/आप जा चुके थे।	तुम/आप जा चुकी थीं।
अ० पु०	वह जा चुका था।	वह जा चुकी थी।
	वे जा चुके थे।	वे जा चुकी थीं।

5. संदिग्ध भूत

उ० पु०	मैं गया हूँ।	मैं गई हूँगी।
	हम गये होंगे।	हम गई होंगी।
म० पु०	तू गया होगा।	तू गई होगी।
	तुम/आप गये होंगे।	तुम/आप गई होंगी।
अ० पु०	वह गया होगा।	वह गई होगी।
	वे गये होंगे।	वह गई होंगी।

6. हेतुहेतुमद्भूत

उ० पु०	यदि मैं जाता तो रमेश प्रसन्न होता।	यदि मैं जाती तो रमेश प्रसन्न होता।
	यदि हम जाते तो रमेश प्रसन्न होता।	यदि हम जातीं तो रमेश प्रसन्न होता।

	पुंल्लिग	स्त्रीलिंग
म० पु०	यदि तू जाता तो रमेश प्रसन्न होता।	यदि तू जाती तो रमेश प्रसन्न होता।
	यदि तुम/आप जाते तो रमेश प्रसन्न होता।	यदि तुम/आप जातीं तो रमेश प्रसन्न होता।
अ० पु०	यदि वह जाता तो रमेश प्रसन्न होता।	यदि वह जाती तो रमेश प्रसन्न होता।
	यदि वे जाते तो रमेश प्रसन्न होता।	यदि वे जातीं तो रमेश प्रसन्न होता।

भविष्यत् काल

1. सामान्य भविष्यत्

	पुंल्लिग	स्त्रीलिंग
उ० पु०	मैं जाऊँगा।	मैं जाऊँगी।
	हम जाएँगे।	हम जाएँगी।
म० प०	तू जाएगा।	तू जाएगी।
	तुम/आप जाओगे।	तुम/आप जाओगी।
अ० पु०	वह जाएगा।	वह जाएगी।
	वे जाएँगे।	वे जाएँगी।

2. सातत्यबोधक भविष्यत्

उ० पु०	मैं स्कूल जाता रहूँगा।	मैं स्कूल जाती रहूँगी।
	हम स्कूल जाते रहेंगे।	हम स्कूल जाती रहेंगी।
म० पु०	तू स्कूल जाता रहेगा।	तू स्कूल जाती रहेगी।
	तुम/आप स्कूल जाते रहोगे।	तुम/आप स्कूल जाती रहोगी।

	पुंल्लिग	स्त्रीलिंग
अ० पु०	वह स्कूल जाता रहेगा।	वह स्कूल जाती रहेगी।
	वे स्कूल जाते रहेंगे।	वे स्कूल जाती रहेंगी।

3. पूर्ण भविष्यत्

उ० पु०	मैं स्कूल जा चुकूँगा।	मैं स्कूल जा चुकूँगी।
	हम स्कूल जा चुकेंगे।	हम स्कूल जा चुकेंगी।
म० पु०	तू स्कूल जा चुकेगा।	तू स्कूल जा चुकेगी।
	तुम/आप स्कूल जा चुकोगे।	तुम/आप स्कूल जा चुकोगी।
अ० पु०	वह स्कूल जा चुकेगा।	वह स्कूल जा चुकेगी।
	वे स्कूल जा चुकेंगे।	वे स्कूल जा चुकेंगी।

4. संभाव्य भविष्यत्

(पुंल्लिग तथा स्त्रीलिंग में समान रूप होंगे।)

उ० पु०	मैं जाऊँ।	हम जाएँ।
म० पु०	तू जाए।	तुम जाओ।
अ० पु०	वह जाए।	वे जाएँ।

अकर्मक 'हँस' धातु कर्तृवाच्य

इसके रूप सकर्मक कर्तृवाच्य 'जाना' धातु के समान होंगे। जैसे—

उ० पु०	मैं हँसता हूँ।	मैं हँसती हूँ।
	हम हँसते हैं।	हम हँसती हैं।

—इत्यादि।

क्रिया के लिंग, वचन

1. जिस क्रिया में 'ने' नहीं लगता, वहाँ क्रिया का लिंग एवं वचन क्रिया के रूप से ही समझ में आ जाता है। जैसे—

अतुल गया। कमला गई।

परन्तु जहाँ 'ने' लगता है, वहाँ क्रिया कर्त्ता के अनुसार नहीं होती, अपितु कर्म के अनुसार होती है, अर्थात् क्रिया के लिंग, वचन कर्म के अनुसार होते हैं, जैसे—

(i) मदन ने खाना खाया।	(ii) कमला ने खाना खाया।
मदन ने बर्फी खाई।	कमला ने बर्फी खाई।
मदन ने फल खाए।	कमला ने फल खाए।

'पढ़ना' धातु के रूप वर्तमान और भविष्यत् काल में 'जाना' के समान ही होंगे। परन्तु भूतकाल में 'न' लग जाने के कारण रूप भिन्न होंगे।

1. सामान्य भूत

पुंल्लिग, स्त्रीलिंग में समान

उ० पु०	मैंने पढ़ा।	हमने पढ़ा।
म० पु०	तूने पढ़ा।	तुमने/आपने पढ़ा।
अ० पु०	उसने पढ़ा।	उन्होंने पढ़ा।

2. आसन्न भूत

उ० पु०	मैंने पढ़ा है।	हमने पढ़ा है।
म० पु०	तूने पढ़ा है।	तुमने/आपने पढ़ा है।
अ० पु०	उसने पढ़ा है।	उन्होंने पढ़ा है।

3. अपूर्ण भूत

	पुंल्लिग	स्त्रीलिंग
उ० पु०	मैं पढ़ रहा था।	मैं पढ़ रही थी।
	हम पढ़ रहे थे।	हम पढ़ रही थी।
	(मैं पढ़ता था)	(मैं पढ़ती थी।
म० पु०	तू पढ़ता था।	तू पढ़ती थी।
	तुम पढ़ते थे।	तुम पढ़ती थी।
अ० पु०	वह पढ़ता था।	वह पढ़ती थी।
	वे पढ़ते थे।	वे पढ़ती थीं।

4. पूर्ण भूत

	पुंल्लिग	स्त्रीलिंग
उ० पु०	मैं पढ़ चुका था।	मैं पढ़ चुकी थी।
	हम पढ़ चुके थे।	हम पढ़ चुकी थीं।
म० पु०	तू पढ़ चुका था।	तू पढ़ चुकी थी।
	तुम/आप पढ़ चुके थे।	आप पढ़ चुकी थीं।
अ० पु०	वह पढ़ चुका था।	वह पढ़ चुकी थी।
	वे पढ़ चुके थे।	वे पढ़ चुकी थीं।

5. संदिग्ध भूत

(पुंल्लिग स्त्रीलिंग मे समान रूप)

उ० पु०	मैंने पढ़ा होगा।	हमने पढ़ा होगा।
म० पु०	तूने पढ़ा होगा।	तुमने/आपने पढ़ा होगा।
अ० पु०	उसने पढ़ा होगा।	उन्होंने पढ़ा होगा।

6. हेतुहेतुमद् भूत

	पुंल्लिग	स्त्रीलिंग
उ० पु०	यदि मैं पढ़ता तो···	यदि मैं पढ़ती तो···
	यदि हम पढ़ते तो···	यदि हम पढ़ती तो···
	यदि तुम आप पढ़ते तो···	यदि तुम/आप पढ़ती तो···
अ० पु०	यदि वह पढ़ता तो···	यदि वह पढ़ती तो···
	यदि वे पढ़ते तो···	यदि वे पढ़तीं तो···

कर्मवाच्य

'खाना' सकर्मक

कर्मवाच्य में क्रिया के लिंग और वचन कर्म के अनुसार होते हैं।

वर्तमान

1. सामान्य वर्तमान काल

पुं० मुझसे, हमसे, तुझसे, तुमसे, उससे, उनसे (खाना) खाया जाता है।

स्त्री० मुझसे, हमसे, तुझसे, तुमसे, उससे, उनसे (रोटी) खाई जाती है।

2. अपूर्ण वर्तमान

पुं० मुझसे, हमसे तुझसे, तुमसे, उससे, उनसे, (खाना) खाया जा रहा है।

स्त्री० मुझसे, हमसे, तुझसे, तुमसे उससे, उनसे (रोटी) खाई जा रही है।

3. पूर्ण वर्तमान

पुं० मुझसे, हमसे, तुझसे, तुमसे, उससे, उनसे (खाना) खाया जा चुका है।

स्त्री० मुझसे, हमसे, तुझसे तुमसे, उससे, उनसे (रोटी) खाई जा चुकी है।

4. संदिग्ध वर्तमान

पुं० मुझसे, हमसे, तुमसे, उससे, उनसे (खाना) खाया जाता होगा।

स्त्री० मुझसे, हमसे, तुझसे, तुमसे, उससे, उनसे (रोटी) खाई जाती होगी।

भूतकाल

1. सामान्य भूत

पुं० मुझसे, हमसे, तुझसे, तुमसे, उनसे, उनसे, (खाना) खाया गया।

स्त्री० मुझसे, हमसे, तुझसे, तुमसे, उससे, उनसे (रोटी) खाई गई।

2. आसन्न भूत

पुं० मुझसे, हमसे, तुझसे, तुमसे, उससे उनसे (खाना) खाया गया है।

स्त्री० मुझसे, हमसे, तुझसे, तुमसे, उससे, उनसे (रोटी) खाई गई है।

3. अपूर्ण भूत

पुं० मुझसे, हमसे, तुझसे, तुमसे, उससे, उनसे (खाना) खाया जा रहा था।

स्त्री० मुझसे, हमसे, तुझसे, तुमसे, उससे, उनसे (खाना) खाया जा रहा था।

4. पूर्ण भूत

पुं० मुझसे, हमसे, तुझसे, तुमसे, उससे, उनसे (खाना) खाया जा चुका था।

स्त्री० मुझसे, हमसे, तुझसे, तुमसे, उससे, उनसे (रोटी) खाई जा चुकी थी।

5. संदिग्ध भूत

पुं० मुझसे, हमसे, तुझसे, तुमसे, उससे, उनसे (खाना) खाया गया होगा।

स्त्री० मुझसे, हमसे, तुझसे, तुमसे, उससे, उनसे, (रोटी) खाई गई होगी।

6. हेतुहेतुमद् भूत

पुं० मुझसे, हमसे, तुझसे, तुमसे, उससे, उनसे (खाना) खाया जाता तो...

स्त्री० मुझसे, हमसे, तुझसे, तुमसे, उससे, उनसे (खाना) खाया जाता तो...

भविष्यत् काल

1. सामान्य भविष्यत्

पु० मुझसे, हमसे, तुझसे, तुमसे, उससे, उनसे (खाना) खाया जाएगा।

स्त्री० मुझसे, हमसे, तुझसे, तुमसे, उससे, उनसे (रोटी) खाई जाएगी।

2. अपूर्ण भविष्यत्

पु० मुझसे, हमसे, तुझसे, तुमसे, उससे, उनसे (खाना) खाया जाता रहेगा।

स्त्री० मुझसे, हमसे, तुझसे, तुमस, उससे, उनसे (रोटी) खाई जाती रहेगी।

3. पूर्ण भविष्यत्

पुं० मुझसे, हमसे, तुझस, तुमसे, उससे, उनसे (खाना) खाया जा चुकेगा।

स्त्री० मुझसे, हमसे, तुझसे, तुमसे, उससे, उनसे, (रोटी) खाई जा चुकेगी।

4. संभाव्य भविष्यत्

पुं० मुझसे, हमसे, तुझस, तुमस, उससे, उनसे, (खाना) खाया जाए।

स्त्री० मुझसे, हमस, तुझसे, तुमसे, उससे, उनसे, (रोटी) खाई जाए।

भाववाच्य

भाववाच्य में धातु का अर्थ प्रधान होता है, कर्त्ता या कर्म नहीं, अतः क्रिया केवल पुंल्लिग एकवचन अन्य पुरुष में होती है। जैसे—

मुझसे, हमसे, तुझसे, तुमसे, उससे, उनसे सोया नहीं जाता।

विध्यर्थ क्रिया

(प्रवर्त्तनार्थक)

परिभाषा—जब किसी को कोई आज्ञा, प्रार्थना निमंत्रण आदि दिया जाता है, तो क्रिया विध्यर्थक कहलाती है।

जैसे—

	एकवचन	**बहुवचन**
उ० पु०	मैं करूँ।	हम करें
म० पु०	तू करे।	तुम करो।
अ० पु०	वह करे।	वे करें।

सम्मानार्थ मध्यम पुरुष में आप कीजिए, आप आइए, आप खाइए आदि रूप होंगे।

अभ्यास

1. वर्तमान काल के उपभेदों के नाम एक-एक उदाहरण सहित लिखिए।
2. भूतकाल के उपभेदों के नाम एक-एक उदाहरण सहित लिखिए।
3. भविष्यत् काल के उपभेदों के नाम एक-एक उदाहरण सहित लिखिए।
4. निम्नलिखित वाक्यों को पढ़कर बताइए कि क्रिया किस काल के किस उपभेद में है—
   (क) हम खाना खा चुके हैं। ......
   (ख) शायद वह आज आए। ......
   (ग) छात्राएँ पढ़ रही थीं। ......
   (घ) वह चल चुका होगा। ......
   (ङ) हम जा रहे हैं। ......
5. 'खाना' धातु के भूतकाल में सभी उपभेदों के रूप लिखिए।
6. विध्यर्थ की परिभाषा लिखकर उसके उदाहरण दीजिए।
7. विध्यर्थ के मध्यम पुरुष में सम्मानार्थ रूप कैसे बनते हैं ?

□

14

वाच्य

परिभाषा—क्रिया के जिस रूपान्तर से यह पता चले कि क्रिया का प्रधान विषय कर्त्ता है, कर्म है, या भाव है, उसे वाच्य कहते हैं।

किसी बात को कहने के ढंग का नाम वाच्य है।

वाच्य के तीन प्रकार हैं—

1. कतृवाच्य
2. कर्मवाच्य
3. भाववाच्य

1. **कर्तृवाच्य**—जिस क्रिया में कर्त्ता प्रधान हो। जैसे—सूर्य उदय हुआ। छात्रों ने पाठ पढ़ा। चन्द्र अस्त होगा। नरेश सोता था।

कर्तृवाच्य में कर्त्ता प्रधान होता है, अतः क्रिया के लिंग, वचन, पुरुष कर्त्ता के अनुसार होते हैं। परन्तु सामान्य भूत, आसन्न भूत, पूर्ण भूत और संदिग्ध भूत की सकर्मक क्रियाओं के लिंग, वचन, पुरुष, कर्म विभक्ति रहित होने पर कर्म के अनुसार और यदि कर्म विभक्ति सहित हो तो एकवचन, पुंल्लिग, अन्य पुरुष होते हैं। परन्तु कर्त्ता दोनों जगह विभक्ति सहित होता है। जैसे मैं गया। कमला आई। मैंने पुस्तक पढ़ी। उसने जल पिया था। हमने पत्र को पढ़ा। हमने चिट्ठयों को पढ़ा।

कर्तृवाच्य दोनों प्रकार की क्रियाओं में होता है—सकर्मक में भी और अकर्मक में भी। कर्तृवाच्य के वाक्य में कर्त्ता अवश्य रहता है।

2. **कर्मवाच्य**—क्रिया के जिस रूपान्तर से यह प्रकट हो

कि वाक्य में कर्म प्रधान है।

जैसे—तुमसे पत्र न पढ़ा गया। मुझसे चिट्ठी लिखी गई। हमसे ढेर सारे पत्र लिखे गये। सेब खाया गया। नारंगी को खाया गया। जमीन को खोदा गया। तुमसे जवाब भी न दिया गया। सरकार द्वारा आदेश जारी किया गया।

कर्मवाच्य में कर्म की प्रधानता होती है। अर्थात् क्रिया द्वारा किये गए विधान का प्रधान विषय कर्म होता है। अतः क्रिया के लिंग, वचन, पुरुष कर्म के अनुसार होते हैं और कर्त्ता करण कारक में आता है या कर्त्ता की आवश्यकता नहीं होती। परन्तु कर्म विभक्ति सहित होने पर क्रिया पुंल्लिग, एकवचन, अन्य पुरुष में आती है और कर्त्ता की आवश्यकता नहीं होती।

जैसे—मुझसे बर्फी खाई गई। बर्फी खाई गई। छात्रों को भड़काया गया। तितलियों को उड़ाया गया।

कर्मवाच्य केवल सकर्मक क्रियाओं में होता है, अकर्मक क्रियाओं में नहीं। कर्मवाच्य वाक्य में कर्म अवश्य रहता है।

3. **भाववाच्य**—क्रिया के जिस रूपान्तर से यह प्रकट हो कि वाक्य में क्रिया द्वारा किए गये विधान का प्रधान विषय क्रिया का भाव है, उसे भाववाच्य कहते हैं।

जैसे—उससे चला न गया। इससे आया नहीं जाता। उससे जाया जाएगा।

भाववाच्य केवल अकर्मक क्रिया में होता है। भाववाच्य में क्रिया केवल पुंल्लिग, एकवचन, अन्य पुरुष में होती है। जैसे—मुझसे, हमसे, तुझसे, तुमसे, उनसे हँसा गया।

अभ्यास

1. वाच्य की परिभाषा लिखिए।
2. वाच्य के सभी भेदों के नाम बताकर उदाहरण में एक-एक वाक्य तीनों वाच्यों में लिखिए।
3. कर्मवाच्य तथा भाववाच्य के अन्तर को उदाहरण देकर समझाइए।
4. अधोलिखित वाक्यों को कर्मवाच्य में लिखिए—
   (क) सरकार ने यह आदेश जारी किया।
   (ख) वर्षा ने हमारे बन-बागों को हरा-भरा कर दिया।
   (ग) न्यायालय ने उसके वारंट जारी किए।
   (घ) चाचा जी अखबार पढ़ रहे हैं।
5. भाववाच्य में बदलिए—
   (अ) मैं नहीं हँस सकता।
   (आ) लँगड़ा नहीं चल सकता।
6. कर्तृवाच्य में बदलिए—
   (क) तुमसे मेरा छोटा-सा काम भी न किया गया।
   (ख) रोगी से हँसा नहीं जाता।

□

15
अविकारी या अव्यय शब्द

क्रिया-विशेषण

परिभाषा—जो शब्द क्रिया की विशेषता बताएँ उन्हें क्रिया-विशेषण कहा जाता है।

जैसे—बालक **तेज** दौड़ता है। तुम **कब** यहां आए **थे** ? मां ने **बच्चे** को **बहुत** पीटा। खिलाड़ी **बहुत** थक गया था। हम **अब** घूमने नहीं जाएँगे। अपना पाठ **ध्यान** से पढ़ो। लँगड़ा **धीरे-धीरे** चलता है।

ऊपर लिखे वाक्यों में मोटे शब्द क्रिया-विशेषण हैं।

क्रिया-विशेषण के चार भेद

1. स्थानवाचक
2. कालवाचक
3. परिमाणवाचक
4. रीतिवाचक

1. **स्थानवाचक**—जो क्रिया की स्थान सम्बन्धी विशेषता बतलाएँ।

जैसे—यहाँ, वहाँ, आगे, सामने, दूर, निकट, पास, समीप, इधर, उधर, पूरब की ओर दांयें, वांयें—इत्यादि।

2. **काल वाचक**—जो क्रिया के होने का समय बतलाएँ।

जैसे—कल, परसों, आज, कब, जब, तब, सदा, पुनः, फिर, पल-पल, रातभर इत्यादि।

3. **परिमाणवाचक**—जो क्रिया के परिमाण को प्रकट करें

जैसे—कम, थोड़ा, बहुत, अधिक, इतना, उतना, कितना, अल्प इत्यादि।

4. **रीतिवाचक**—जो क्रिया की रीति को प्रकट करे।

जैसे—ऐसे, कैसे, वैसे, इस तरह, यों, शीघ्र, जल्दी, साधारणतः, आमतौर पर, अचानक, एकाएक—इत्यादि।

अभ्यास

1. आगे लिखे वाक्यों में क्रिया-विशेषण शब्द छाँटकर सामने के खाली स्थानों में लिखो—

वाक्य	क्रिया-विशेषण
(1) तुम क्यों नहीं बोले	......
(2) मैं अब जाऊँगा।	......
(3) कल पानी धड़ाधड़ बरसा।	......
(4) बालसभा परसों होगी।	......
(5) पीछे मत खड़े रहो।	......
(6) पाकिस्तान ने अचानक हमला कर दिया।	......
(7) तू कब आएगा।	......
(8) वह कल आएगा।	......
(9) जोर से मत बोल।	......
(10) धीरे-धीरे लिख।	......

2. क्रिया-विशेषण की परिभाषा लिखकर एक उदाहरण-वाक्य लिखिए।
3. परिमाणवाचक विशेषण तथा परिमाणवाचक क्रिया-विशेषण में अन्तर को उदाहरण देकर स्पष्ट कीजिए।
4. क्रिया-विशेषण के भेदों के नाम लिखकर एक-एक उदाहरण दीजिए।

□

16

सम्बन्ध बोधक

परिभाषा—जो शब्द संज्ञा या सर्वनाम का सम्बन्ध **वाक्य** के दूसरे शब्दों से जोड़ते हैं, वे सम्बन्ध बोधक कहलाते हैं।
जैसे—

इस डिबिया के **अन्दर** अंगूठी है। हमारे स्कूल के **पीछे** खेल का मैंदान है। पेड़ के **ऊपर** पक्षियों का घोंसला है। कान्ता नीलम की **अपेक्षा** कम सुन्दर है। अनिल सुनील की **बजाय** अधिक चतुर है। मैं दूध के **बिना** एक दिन नहीं रह सकता। हम कहां **तक** आपके साथ चलें ? छोटे बच्चे सबसे **आगे** बैठें। बड़े बालक **पीछे** बैठें। मैं अध्यापिका के **साथ** पिकनिक पर जा रही हूं। चाचा जी बच्चों के **सहित** दिल्ली आ गए हैं।

अन्य सम्बन्ध बोधक—सहित, रहित, पास, दूर, ऊपर, नीचे बाद, पहले, विरुद्ध, समान, प्रतिकूल, अनुकूल, अनुसार, अनुरूप इत्यादि।

अभ्यास

1. उचित सम्बन्ध बोधक शब्द द्वारा नीचे के वाक्यों में रिक्त स्थानों को भरिए—

   पीछे, आगे, बिना, साथ, सहित, ऊपर, संग।

   (1) परिश्रम के······सफलता नहीं मिलती।

   (2) अनिल सुनील के······खेलता है।

   (3) चाचा जी परिवार के······दिल्ली आ गए हैं।

   (4) तुम छत के······चढ़ जाओ।

   (5) मैं पिताजी के······पिकनिक पर जाऊँगा।

   (6) छोटे बालक सबसे······बैठें।

   (7) बड़े बालक सबसे······बैठें।

2. सम्बन्ध बोधक की परिभाषा लिखकर एक वाक्य में उदाहरण लिखिए।

□

17
समुच्चय बोधक या संयोजक

परिभाषा—जो शब्द दो शब्दों या वाक्यों को आपस में जोड़ते हैं, उन्हें समुच्चय बोधक कहते हैं। जैसे—

पर, परन्तु, किन्तु, और, तथा, इसलिए, इसीलिए, यद्यपि, तथापि, जो...वे, पर, क्योंकि, कि, या, तो, अथवा आदि।

उदाहरण—लता **और** कान्ता बैठी हैं। तुम यहाँ रहोगे **या** वहाँ? अनिल मिले **तो** बुला लाना। जाना, **परन्तु** अभी नहीं। **या** लता जाए, **या** कान्ता। उससे कहो **कि** यहाँ से चला जाए। पढ़ो **क्योंकि** परीक्षा पास आ गई।

समुच्चय बोधक के तीन भेद

1. संयोजक
2. विभाजक
3. विकल्प सूचक

1. **संयोजक**—जो शब्द दो वाक्यांशों अथवा वाक्यों को जोड़ें (मिलाएँ) वे संयोजक कहलाते हैं। जैसे—
   और, व, एवं, तथा। उदाहरण—
   (i) अनिल और अशोक सहपाठी हैं।
   (ii) तुम आ गए तथा सुभद्रा को भी लेते आए।
2. **विभाजक**—जो पहले कही हुई बात का निषेध करें। जैसे—पर, परन्तु, लेकिन, किन्तु, वरन्, बल्कि, न केवल...प्रत्युत। उदाहरण—
   मैं आ रहा था; परन्तु मार्ग में पिताजी मिल गए अतः मैं लौट गया।

3. **विकल्प सूचक**—जो दो में से एक का ग्रहण बतलाएँ।
जैसे—या, अथवा, वा, चाहे, किंवा, न कि, नहीं तो, अन्यथा। उदाहरण—
बम्बई तुम जाओगे या अशोक जाएगा।

अभ्यास

1. नीचे लिखे वाक्यों में रिक्त स्थानों पर उचित समुच्चय बोधक शब्द लिखिए—
   1. लता, कान्ता···सुमना पिकनिक पर चली गई।
   2. भारत स्वतन्त्र हो गया···बेकारी अभी दूर नहीं हुई।
   3. बालक चुप रहो······पिटेगा।
   4. यदि परिश्रम करोगे······मिलेगा।
   5. ······गरजते हैं······बरसते नहीं।
   6. कुत्ता आया······भौंकने लगा।
   7. सभी छात्र ·····अध्यापक उत्सव पर गए हैं।
   8. मुझे बुखार है······आज स्कूल नहीं जा सकता।
2. नीचे लिखे वाक्यों में जो शब्द समुच्य बोधक हैं, उन्हें रेखांकित कीजिए—
   1. व्यायाम करो, ताकि शरीर पुष्ट हो जाए।
   2. तुम, राम और कल्याणी कलकत्ता चले जाओ।

3. यद्यपि भारत स्वतन्त्र हुआ तथापि उसकी गरीबी दूर न हुई।

4. तुम बुद्धिमान हो या वह ?

5. समुच्चय बोधक की परिभाषा लिखकर उदाहरण दीजिए।

6. समुच्चय बोधक के भेदों के नाम लिखकर एक-एक उदाहरण दीजिए।

7. नीचे लिखे समुच्चयबोधकों का प्रयोग करके अपने वाक्य बनाइए—

बल्कि, अथवा, वरना, नहीं तो, पर, किन्तु।

□

18

विस्मयादिबोधक

परिभाषा—वे शब्द जिनसे मन को प्रसन्नता, घृणा, शोक, आश्चर्य आदि भाव प्रकट हों, विस्मयादिबोधक कहलाते हैं। जैसे—

अहा, वाह, छिः, थू, छिः-छिः, धिक्कार, हाय, ओह, बाप रे बाप, धन्य, शाबाश, उफ, अरे, ओहो आदि।

हैं ! एं ! ओहो ! (आश्चर्य)

हा ! हाय ! ओह ! बाप ! रे ! (भय)

हाय ! आह ! ओफ, उफ, हा ! (शोक)

हट ! परे हट ! चुप ! धत् ! (क्रोध)

जी ! जी हां ! हूं ! ठीक है जी ! (स्वीकृति)

धिक-धिक् ! धिक्कार ! छीः ! थू ! (घृणा)

संज्ञा आदि अन्य शब्द भी विस्मयादिबोधक के रूप में प्रयुक्त होते हैं। जैसे—

संज्ञा – हे राम ! हाय राम ! राम-राम ! शिव-शिव !

सर्वनाम – क्यों ! क्या ! कौन ! कैसा ! ऐसा !

विशेषण—सावधान ! खबरदार !

क्रिया—चल चल ! चल बे ! हट ! बचाओ, बचाओ !

अभ्यास

1. नीचे लिखे वाक्यों में विस्मयादिबोधक शब्दों को रेखांकित कीजिए—

   (क) शाबाश ! तुमने तो कमाल कर दिया।

   (ख) बाप रे ! सांप !

   (ग) ओह ! टक्कर हो गई।

   (घ) हाय ! हाय ! बेचारा चल बसा !

2. विस्मयादिबोधक की परिभाषा लिखकर आश्चर्य, भय, शोक, क्रोध, स्वीकृति और घृणासूचक एक-एक वाक्य बनाइए।

□

19

शब्दों की रचना

कुछ शब्द स्वतंत्र हैं। कुछ अन्य विधियों से बनाए जाते हैं। विधियाँ चार हैं—

1. **उपसर्ग लगाकर**—जैसे—आहार, प्रहार, विहार।
2. **प्रत्यय लगाकर**—जैसे—मानवता, बुद्धिमान, बलशाली।
3. **सन्धि करके**—जैसे—विद्यालय, सदैव।
4. **समास करके**—सीताराम, राजदूत, धर्मात्मा।

उपसर्ग

परिभाषा—जो शब्दांश शब्दों से पूर्व जुड़कर उनके अर्थों में परिवर्तन कर देते हैं, वे उपसर्ग कहलाते हैं।

संस्कृत के उपसर्ग

उपसर्ग	अर्थ या भाव	उदाहरण
प्र	आगे, अधिक	प्रगति, प्रवल
परा	विपरीत	पराजय
अप	बुरा	अपमान
सम्	पूर्ण, अच्छा	संचय, संगति
अनु	समान, पीछे	अनुकूल, अनुरूप, अनुसार, अनुकरण
अव	बुरा, नीचे	अवगुण, अवनति
निस्	बिना, रहित	निश्चिन्त, निश्चल
निर्	रहित	निर्गुण, निर्दोष
दुस्	बुरा	दुष्कर्म, दुश्चरित्र
दुर्	बुरा	दुर्गुण, दुर्दशा
वि	विशेष, भिन्न	विशुद्ध, विभिन्न
आ	तक, उल्टा	आजीवन, आगमन
नि	अभाव, विशेष	निवारण, नियुक्त
अधि	ऊपर	अधिकारी
अति	बहुत	अत्यधिक
सु	अच्छा, सरल	सुगुण, सुगम
उत्	ऊपर	उत्तम, उद्धार, उत्कृष्ट
अभि	सामने	अभिमान
प्रति	सामने, उल्टा	प्रत्यक्ष, प्रतिरोध, प्रतिकूल
परि	सब (चारों) ओर	परिक्रमा, परिपूर्णता
उप	समीप, गौण	उपमान, उपमंत्री

कई बार दो या तीन उपसर्ग भी एक साथ आ जाते हैं। जैसे—

प्रति+उप+कार। प्रति+आ+ख्यान। प्रति+आ+हार। अति+आ+चार। सु+सम्+आचार। पर+आ+क्रम।

हिन्दी के उपसर्ग

उपसर्ग	अर्थ या भाव	उदाहरण
अन	विना	अनबन, अनमोल
नि	रहित	निकम्मा, निहत्था
अध	आधी	अधमरा, अधकचरा
औ	रहित	औगुन
भर	पूर्ण	भरपूर, भरसक

उर्दू के उपसर्ग

उपसर्ग	अर्थ तथा भाव	उदाहरण
बे	विना	बेलगाम, बेचैन, बेजान
ला	विना	लाइलाज, लापरवाह
न	नहीं	नापसंद, नालायक
कम	थोड़ा	कमबख्त, कमजोर
बद	खराब	बदजात, बदबू, बदनाम
सर	मुख्य	सरताज, सरपंच
गैर	निषेध	गैरवाजिब, गैरहाजिर
हर	प्रत्येक	हररोज, हरसाल

अभ्यास

1. उपसर्ग की परिभाषा लिखकर एक उदाहरण दीजिए।
2. उपसर्ग सहित शब्दों के पाँच उदाहरण ऐसे दीजिए जो इस पाठ में नहीं आए।

3. 'हार' के साथ प्र, आ, सम्, निस, परि—ये उपसर्ग लगाकर जो शब्द बनें, उनके अर्थ लिखिए ।

4. संस्कृत, हिन्दी तथा उर्दू, उपसर्गों के दो-दो उदाहरण लिखिए।

□

20
प्रत्यय

परिभाषा—जो शब्दांश शब्दों के अन्त में जुड़कर उनके अर्थों में परिवर्तन ला देते हैं, वे प्रत्यय हैं।

जैसे—सुन्दर + इ = सुन्दरी । मानव + ता = मानवता ।
शक्ति + मान् = शक्तिमान्

प्रत्यय दो प्रकार के हैं—

1. संज्ञाओं के अन्त में जुड़ने वाले ।
2. धातुओं के अन्त में जुड़ने वाले ।

1. संज्ञाओं के अन्त में चार प्रकार के प्रत्यय जुड़ते हैं—

(क) स्त्री प्रत्यय
(ख) तद्धित प्रत्यय
(ग) विभक्तियाँ (कारक चिह्न)
(घ) नामधातु प्रत्यय

(क) स्त्री प्रत्यय—इनका परिचय लिंग के पाठ में दे चुके हैं। आ, ई, आनी आदि प्रत्यय लगने से पुल्लिग शब्द स्त्रीलिंग बन जाते हैं ।

(ख) तद्धित प्रत्यय—त्व, ता, मान, वान्, वाला, इक, अण, आई, शाली, इत् आदि प्रत्यय जुड़कर—मित्रत्व, शत्रुता,

बुद्धिमान, धनवान, गुब्बारेवाला, धार्मिक, पाण्डव, पौत्र, ऊंचाई, मानवता, बलशाली सिंचित आदि शब्द बनाते हैं।

(ग) **विभक्तियां**—इनका परिचय कारकों के पाठ में दे चुके हैं।

(घ)**नाम धातु**—ये प्रत्यय संज्ञा या सर्वनाम के शब्दों में जुड़कर उन्हें धातु बना देते हैं। फिर उनके नाना क्रिया रूप बनते हैं।

जैसे—लाज-लजा-लजाना, लजाती थी, लजाएगी—

2. धातुओं के अन्त में दो प्रकार के प्रत्यय जुड़ते हैं—

(क) क्रिया प्रत्यय।

(ख) कृत प्रत्यय।

(क) **क्रिया प्रत्यय**—ये क्रिया की रूपावली वाले पाठ में दर्शाए जा चुके हैं। जैसे—पढ़+ता=पढ़ता। पढ़+ता था= पढ़ता था, पढ़+एगा=पढ़ेगा इत्यादि।

(ख)**कृत प्रत्यय**—ये प्रत्यय धातुओं के अन्त में जुड़कर उन्हें संज्ञा अथवा विशेषण बना देते हैं जैसे—

जाना+वाले=जानेवाला	खाना+वाला=खाने वाला
मिलना+सार=मिलनसार	कूदना+अक्कड़=कुदक्कड़
खेलना+आड़ी=खिलाड़ी	खेल+औना=खिलौना
झूल+आ=झूला	हँस (ना)+ई=हँसी
पढ़ता+हुआ=पढ़ता हुआ।	

अभ्यास

1. प्रत्यय की परिभाषा लिखकर एक उदाहरण दीजिए।
2. नामधातु प्रत्यय की परिभाषा लिखकर एक उदाहरण दीजिए।
3. ता, त्व, पन, आई—इन्हें लगाकर एक-एक शब्द बनाइए।

21
सन्धि

सन्धि का अभिप्राय है—मेल । जैसे—

कार्य+आलय=कार्यालय सदा+एव=सदैव

परिभाषा—दो वर्णों के पास-पास आने पर उनके रूप में जो परिवर्तन होता है, उसे सन्धि कहते हैं।

सन्धि तीन प्रकार की हैं—

1. **स्वर सन्धि**
2. **व्यंजन सन्धि**
3. **विसर्ग सन्धि**

(1) **स्वर सन्धि**—स्वर से स्वर के मेल को स्वर-सन्धि कहा जाता है । जैसे—

विद्या+आलय=विद्यालय ।

स्वर सन्धि के पांच भेद हैं—

1. **दीर्घ सन्धि**

   कार्य+आलय=कार्यालय ।

2. **गुण सन्धि**

   सूर्य+उदय=सूर्योदय ।

3. **वृद्धि सन्धि**

   सदा+एव=सदैव ।

4. **यण सन्धि**

   यदि+अपि=यद्यपि ।

5. **अयादि सन्धि**

   गै+अक=गायक ।

(2) **व्यंजन सन्धि**—व्यंजन के साथ व्यंजन या स्वर के मेल को व्यंजन सन्धि कहते हैं। जैसे—

जगत् + ईश = जगदीश, जगत् + नाथ = जगन्नाथ।

व्यंजन सन्धि के उदाहरण

जगत् + ईश = जगदीश
वाक् + ईश = वागीश
तत् + लीन = तल्लीन
उत् + हार = उद्धार
वृक्ष + छाया = वृक्षच्छाया
भगवत् + गीता = भगवद्गीता

(3) **विसर्ग सन्धि के उदाहरण**

निः + चल = निश्चल
निः + फल = निष्फल
निः + रोग = नीरोग
निः + कपट = निष्कपट
निः + गुण = निर्गुण
निः + आश्रित = निराश्रित
मनः + हर = मनोहर
अतः + एव = अतएव
निः + आधार = निराधार

अभ्यास

1. सन्धि की परिभाषा लिखकर उसका एक-एक उदाहरण दीजिए।
2. सन्धि के प्रकार लिखकर उनका एक-एक उदाहरण दीजिए।
3. सन्धि कीजिए —

कार्य + आलय। सदा + एव। यदि + अपि।
जगत् + नाथ। जगत् + ईश। वृक्ष + छाया।

अतः + एव । मनः + हर । निः + रोग ।
अधः + लिखित ।

□

22
समास

परिभाषा—दो या दो से अधिक शब्दों का संक्षेप करके एक शब्द बनाना समास कहलाता है ।

समास के बाद बना शब्द **समस्त पद** कहलाता है ।

समस्त शब्द को खोलकर फिर से पहले की स्थिति में लाना विग्रह कहलाता है ।

उदाहरण—

माता और पिता—माता-पिता ।

समास के प्रकार—

1. **अव्ययीभाव**
2. **तत्पुरुष**
3. **द्विगु**
4. **नञ्**
5. **कर्मधारय**
6. **द्वन्द्व**
7. **बहुव्रीहि**

1. **अव्ययीभाव**—इसमें पहला पद प्रधान होता है । **जैसे**—
   रात ही रात में—रातोंरात ।

रोज-रोज—हररोज।
जीवन तक—आजीवन

2. **तत्पुरुष**—इसमें दूसरा पद प्रधान होता है। जैसे—
राज का दूत—राजदूत।
देश के लिए भक्ति—देशभक्ति।
आकाश से पतित—आकाशपतित।
आनन्द में मग्न—आनन्दमग्न।

3. **द्विगु**—जहाँ पर पहला शब्द संख्यावाची हो। जैसे—
चार मासों का समूह—**चौमासा**
सौ शब्दों (बरसों) का समूह—**शताब्दी**
सात सौ दोहों की पुस्तक—**सतसई**।

4. नञ्—जहाँ निषेध के अर्थ में अ या अन् पहले जुड़ें। जैसे—न सभ्य—**असभ्य**
न अन्त—**अनन्त**

5. **कर्मधारय**—जहाँ विशेषण-विशेष्य अथवा उपमान-उपमेय शब्दों के मिलने से समास बने।
जैसे—
नीला रत्न—**नीलरत्न**
पीत (पीला) अम्बर (कपड़ा)—**पीताम्बर**
सत् जो जन—**सज्जन**
दुर् जो जन—**दुर्जन**
कमल जैसा मुख—**मुखकमल**

6. **द्वन्द्व**—जहाँ दोनों पद प्रधान हों। जैसे—
माँ और बाप—माँ-बाप।
दिन और रात—दिन-रात।
राधा और कृष्ण—राधा-कृष्ण।

7. **बहुव्रीहि**—जिसमें कोई भी पद प्रधान न हो बल्कि समास

होने के बाद समस्त पद किसी और ही शब्द का बाचक हो। जैसे—

पीला है अम्बर जिसका—पीताम्बर (कृष्ण)
तीन हैं मूर्तियाँ जिसकी—त्रिमूर्ति (शिव)

अभ्यास

1. समास, समस्त पद तथा विग्रह का अभिप्राय उदाहरण देकर समझाइए।
2. समास के सब भेदों के नाम लिखकर एक-एक उदाहरण दीजिए।
3. विग्रह लिखिए—
   सचमुच, आमरण, दशानन, चन्द्रमुख, पीताम्बर, त्रिनेत्र
4. समास कीजिए—
   पीत, (पीले) अम्बर (वस्त्र) वाला, सीता और राम, तीन लोको का समूह, पवनपुत्र, यथासामर्थ्य।
5. समास और सन्धि में भेद को उदाहरणों द्वारा स्पष्ट कीजिए।

□

23

पद-परिचय

पद-परिचय—किसी पद का व्याकरण के नियमों के आधार पर परिचय देना पद-परिचय कहलाता है।

पद-परिचय में क्या-क्या बताया जाता है ?

संज्ञा में—कौनसा भेद, लिंग, वचन, कारक, अन्य पदों से सम्बन्ध।

सर्वनाम में—भेद, पुरुष, लिंग, वचन, कारक, अन्य पदों से सम्बन्ध।

विशेषण में—भेद, लिंग, वचन, इसका विशेष्य।

क्रिया में—सकर्मक या अकर्मक ? वाच्य, काल, पुरुष, लिंग, वचन।

क्रिया-विशेषण में—प्रकार, विशेष्य, क्रिया कौनसी है ?

सम्बन्ध बोधक में—भेद, सम्बन्ध वाले शब्द।

समुच्चय बोधक में—भेद।

विस्मयादि बोधक में—भेद।

उदाहरण—राम कौशल्या का पुत्र था।

राम—व्यक्तिवाचक संज्ञा, पुल्लिग, एक वचन, कर्त्ता कारक, 'था' क्रिया का कर्त्ता।

कौशल्या का—व्यक्तिवाचक संज्ञा, स्त्रीलिंग, एकवचन, सम्बन्ध कारक।

पुत्र—पूरक, जातिवाचक संज्ञा, 'था' क्रिया का पूरक।

था—क्रिया (अकर्मक) कर्तृ वाच्य, पूर्णभूत, पुंल्लिग, अन्य पुरुष, एकवचन, प्रधान क्रिया।

अभ्यास

1. नीचे लिखे वाक्य का पद-परिचय दीजिए—
   राम ने पैने बाण से रावण को मार डाला।
2. पद-परिचय की परिभाषा लिखकर बताइए कि इनके पद-परिचय में आप क्या-क्या बताएँगे—
   विशेषण, संज्ञा, क्रिया, क्रिया-विशेषण

□

24
वाक्य

परिभाषा—सार्थक शब्द समूह वाक्य कहलाता है।

जैसे—बालक रोटी खाता है।

वाक्य के भेद—

वाक्य निम्न तीन प्रकार के होते हैं।

1. सरल वाक्य,
2. संयुक्त वाक्य,
3. मिश्रित वाक्य।

1. **सरल वाक्य**—जहाँ वाक्य में एक ही उद्देश्य तथा एक ही विधेय हो। जैसे—

अशोक विद्यालय जा रहा है।

2. **संयुक्त वाक्य**—जहाँ दो सरल वाक्य किसी समुच्चय-बोधक द्वारा जुड़े हुए हों। जैसे—

लता स्कूल गई थी और आ भी गई।
लता कानपुर जाएगी या तुम जाओगी।

3. **मिश्रित वाक्य**—जहाँ एक वाक्य प्रधान हो और दूसरा वाक्य उसका आश्रित हो। जैसे—

(1) लाला लाजपतराय ने कहा था, "मेरे शरीर पर की गई एक-एक चोट ब्रिटिश साम्राज्य के कफन की कील सिद्ध होगी।"
(2) यदि मैं गया तो तुम्हें भी चलना होगा।
(3) जो संकटों में नहीं घबराते, वे ही वीर होते हैं।

अभ्यास

1. वाक्य की परिभाषा लिखकर एक उदाहरण दीजिए।

2. वाक्य के भेदों के नाम बताइए।

3. उदाहरण देकर मिश्रित और संयुक्त वाक्य में अन्तर स्पष्ट कीजिए।

□

25
विशेषणों की रचना

शब्द	विशेषण	शब्द	विशेषण
पुस्तक	पुस्तकीय	पश्चिम	पश्चिमी, पाश्चात्य
पूर्व	पूर्वीय	क्रोध	क्रुद्ध
सन्देह	संदिग्ध	समय	सामयिक
रोष	रुष्ट	अग्नि	आग्नेय
क्रिया	क्रियाशील	काँटा	कँटीला
धन	धनी	निन्दा	निन्दनीय
पंक	पंकिल	पिता	पैतृक
भेद	भिन्न	माता	मातृक
रक्त	रक्तिम	राजा	राजकीय
लाठी	लठैत	श्री	श्रीमान्
साँप	सपेरा	स्थान	स्थानीय
सभा	सभ्य	हँसी	हँसोड़
नाश	नष्ट, नश्वर	परम्परा	पारम्परिक
अड़ना	अड़ियल	अनुभव	अनुभवी
झूठ	झूठा	शरीर	शारीरिक

शब्द	विशेषण	शब्द	विशेषण
विष्णु	वैष्णव	राष्ट्र	राष्ट्रीय
वर्ष	वार्षिक	मास	मासिक
निर्दयता	निर्दय	कुल	कुलीन
लोभ	लोभी	भय	भयानक
ग्राम	ग्रामीण	वन	वन्य
बल	बलवान	चार	चौथा
सप्ताह	साप्ताहिक	अन्त	अन्तिम
चिन्ता	चिन्तनीय	आरम्भ	आरम्भिक
शक्ति	शक्तिमान	यश	यशस्वी
धर्म	धार्मिक धर्मात्मा	मुख	मौखिक
नगर	नागरिक	प्रकृति	प्राकृतिक
ग्राम	ग्रामीण	नमक	नमकीन
सन्तोष	सन्तुष्ट	खेद	खिन्न
तृप्ति	तृप्त	इच्छा	इच्छुक
ईर्ष्या	ईर्ष्यालु	दया	दयालु
झगड़ा	झगड़ालू	लाली	लालिमा
रुचि	रोचक	विद्या	विद्वान, विद्यावान
सुख	सुखी	दु:ख	दु:खी
सम्बन्ध	सम्बद्ध	व्याकरण	वैयाकरण
न्याय	न्यायकारी न्यायिक	शीत	शीतल
शिशु	शैशव	खेल	खिलाड़ी
सहायता	सहायक	पर्वत	पर्वतीय
पशु	पाशविक	लज्जा	लज्जालु, लज्जित
चाचा	चचेरा	सच	सच्चा

शब्द	**विशेषण**	**शब्द**	**विशेषण**
विष	विषैला	पीड़ा	पीड़ित
अर्थ	आर्थिक	विज्ञान	वैज्ञानिक
भूगोल	भौगोलिक	भूत	भौतिक
पृथ्वी	पार्थिव	सूर्य	सौर
चन्द्र	चान्द्र	दूध	दुधारू, दुधैला
ऋषि	आर्ष	चिकित्सा	चिकित्सक
विश्वास	विश्वस्त	ब्रह्मचर्य	ब्रह्मचारी
मूल्य	मूल्यवान	उद्योग	औद्योगिक
सम्पत्ति	सम्पन्न	स्वर्ण	स्वर्णिम
चीन	चीनी	हरियाणा	हरियाणवी
स्वास्थ्य	स्वस्थ	शिव	शैव
पिता	पैतृक	लेख	लिखित, लेखक
ईश्वर	ईश्वरीय	भारत	भारतीय
प्रान्त	प्रान्तीय	देश	देशीय, देशी
विदेश	विदेशी	स्थान	स्थानीय
स्वर्ग	स्वर्गीय	जाति	जातीय
अपराध	अपराधी	पाप	पापी
प्रशंसा	प्रशंसनीय	मान	माननीय
अभिमान	अभिमानी	दोष	दोषी, दूषित
धन	धनी, धनवान	ताप	तपस्वी
ओज	ओजस्वी	हिंसा	हिंसक
हृदय	हार्दिक	इतिहास	ऐतिहासिक
पक्ष	पाक्षिक	दिन	दैनिक
मनुष्य	मानुषिक	संसार	सांसारिक
मन	मानसिक	कर्म	कार्मिक

विशेषणों की तुलना

मूलावस्था	उत्तरावस्था	उत्तमावस्था
प्रिय	प्रियतर	प्रियतम
चतुर	चतुरतर	चतुरतम
उच्च	उच्चतर	उच्चतम
निम्न	निम्नतर	निम्नतम
अधिक	अधिकतर	अधिकतम
न्यून	न्यूनतर	न्यूनतम
सुन्दर	सुन्दरतर	सुन्दरतम
मधुर	मधरतर	मधुरतम
प्रबल	प्रबलतर	प्रबलतम
कोमल	कोमलतर	कोमलतम
महान	महानतर	महानतम
कठोर	कठोरतर	कठोरतम
बलवान	बलवत्तर	बलवत्तम
दुर्बल	दुर्बलत्तर	दुर्बलतम
लघु	लघुतर	लघुत्तम
महान	महत्तर	महत्तम

अभ्यास

प्रश्न—निम्नलिखित शब्दों से विशेषण बनायें—

एक = पहला दो = दूसरा

पांच = ... छः = ...

कलंक, स्मरण, आदर, पिपासा, चमक, अपमान, प्रेम, अज्ञान, कृपा, तेल, लोक, मन, जोश, डर, झगड़ा, लूट, लालच, गहराई, जहर, विरोध, रोग, नीति, सुन्दरता, सोना, हत्या, जर्मन, चीन,

बुराई, जापान, ब्रिटेन, क्षेत्र, केन्द्र, निन्दा, घाव, घर, रंज, प्रसन्नता, खुशी, गाना, घिन, देहली, नील, पेट, पालना, भिक्षा, रस, सम्मान, शिक्षा।

□

26

पर्यायवाची (समानार्थक) शब्द

अमृत—पीयूष, सुधा, अमिय, अमी, सोम।
अतिथि—अभ्यागत, मेहमान, आगन्तुक।
आकाश—नभ, व्योम, गगन, अम्बर, अन्तरिक्ष।
आभूषण—अलंकार, भूषण, आभरण, मंडन।
अश्व—घोड़ा, तुरंग, हय, घोटक।
अग्नि—अनल, पावक, धूमकेतू वह्नि।
अहंकार—अभिमान, दर्प, दम्भ, मान, घमण्ड।
आँख—नयन, नेत्र, लोचन, चक्षु, दृग, अक्षि।
इच्छा—अभिलाषा, लालसा, मनोरथ, कामना, चाह।
ईश्वर—ईश, परमात्मा, परमेश्वर, प्रभु।
इन्द्र—सुरेश, देवेश, सुरपति, देवराज।
उपवन—उद्यान, वाटिका, बगीचा, बाग।
कपड़ा—वस्त्र, वसन, पट, चीर, अम्बर।
किनारा—तीर, कगार, तट।
क्रोध—कोप, अमर्ष, रोष, गुस्सा।
कृपा—अनुग्रह, अनुकम्पा, दया।

कोयल—पिक, कोकिला, वन-प्रिय, परभृत ।
किरण—कर, मरीच, रश्मि, मयूख ।
गंगा—सुरसरि, जाह्नवी, भगीरथी, मन्दाकिनी ।
गृह—गेह, सदन, भवन, आलय, धाम, निकेतन, घर ।
गीदड़—श्रृगाल, जम्बुक, चतुरजीव ।
गणेश—विनायक, गणाधिप, गजानन, एकदन्त ।
घोड़ा—अश्व, बाजि, घोटक, तुरंग, तुरंगम ।
चन्द्र—शशि, चन्द्रमा, विधु, सोम, सुधांशु, इन्द्र ।
चतुर—विज्ञ, दक्ष, प्रवीण, निपुण, पटु, कुशल, योग्य ।
चाँदनी—चन्द्रिका, कौमुदी, ज्योत्सना, चन्द्रमरोची ।
जल—वारि, सलिल, पय, उदक, पानीय ।
ज़हर—गरल, विष, हलाहल ।
तलवार—खड्ग, कृपाण असि, करवाल, चन्द्रहास ।
तालाब—सर, सरोवर, तड़ाग, ह्रद ।
तारा—नक्षत्र, तारक, नखत, उडु ।
तीर—वाण, शर, इषु ।
दास—सेवक, अनुचर, नौकर, भृत्य, परिचारक ।
दिवस—दिन, वासर, वार, अह ।
देवता—सुर, निर्जर, अमर, देव ।
देह—तनु, शरीर, वपु, कलेवर ।
दुग्ध—पय, क्षीर, दूध ।
दाँत—दन्त, द्विज, दशन, रद ।
दर्पण -मुकुर, शीशा, आदर्श, आइना ।
दुष्ट—ख़ल, दुर्जन, शठ, पामर, अधम, नीच ।
धन—अर्थ, द्रव्य, वसु, वित्त, द्रविण, रुपया, पैसा ।
धनुष—कोदण्ड, चाप, कार्मुक, शरासन, कमान ।

नारी—अबला, महिला, कामिनी, रमणी, बनिता, ललना, स्त्री।

नमस्कार—नमः, प्रणाम, अभिवादन।

नौका—नाव, तरणी, जलयान, तरी, डोंगी, बेड़ी।

नरक—यमालय, यमलोक, यमपुर, ।

निर्मल—स्वच्छ, शुद्ध, विमल, साफ, पवित्र।

पंडित—सुधी, विद्वान, कोविद, बुध, मनीषी, प्राज्ञ।

पवन—हवा, वायु, समीर, मारुत, वात, बयार, हवा।

पक्षी—खग, विहग, विहंगम, शकुनि, अण्डज, नभचर।

पत्नी—वधू, भार्या, कलत्र, गृहणी, प्राणप्रिया, अर्धांगिनी।

पति—भर्ता, वल्लभ, स्वामी, बालम, भरतार, आर्य।

पराग—पुष्परज, पुष्पधूलि, कुसुमरज।

पर्वत—अचल, गिरि, पहाड़, भूधर, नग, शैल, मेरु।

पुत्र—तनय, सुत, तनुज, बेटा, लड़का, पूत।

पुत्री—तनया, बेटी, लड़की, नन्दिनी।

पत्थर—प्रस्तर, पाषाण, उपल, अश्म, पाहन।

पृथ्वी—भू, भूमि, धरती, वसुधा, वसुन्धरा।

पुष्प—कुसुम, प्रसून, फूल, सुमन, मञ्जरी।

प्रकाश—आलोक, उजाला, ज्योति, दीप्ति, प्रभा, विभा।

पांव—पाद, पैर, पद, चरण।

पेट—उदर, जठर, मध्यमांग।

बिजली—विद्युत, सौदामिनी, दामिनी, तड़ित, चंचला, चपला।

ब्राह्मण—द्विज, भूसुर, विप्र, भूदेव।

बहन—स्वसा, भगिनी, सहोदरा, सहजा, मातृजा।

बन्दर—कपि, वानर, हरि, शाखामृग।

बुद्धि—मेधा, मति, अक्ल, मनीषा, प्रज्ञा।

भौंरा—अलि, भृंग, भ्रमर, मधुप।

मित्र—सखा, सहचर, साथी सुहृद् ।
मुख—आनन, बदन, मुंह ।
मेघ—बादल, घन, जलद, तोयद, जलधर ।
मोक्ष—मुक्ति, कैवल्य, निर्वाण ।
मनुष्य—नर, मानव, मनुज, मानुष, पुरुष, आदमी ।
मद्य—सुरा, शराब, वारुणी ।
राजा—नृप, नृपति, महीपति, भूपति ।
रात्रि—रात, निशा, रजनी, यामिनी, विभावरी ।
राक्षस—असुर, दानव, दनुज, सुरारि, दैत्य, निशाचर ।
लक्ष्मो—रमा, श्री, कमला, पद्मा, इन्दिरा, चंचला ।
वसन्त—मधुमास, कुसुमाकर, मधु, ऋतुराज ।
बैरी--शत्रु, रिपु, अरि, दुशमन, विपक्षी ।
वन—कानन, अरण्य, जंगल, विपिन ।
शरीर—तनु, तन, काया, देह, विग्रह, कलेवर ।
शिर—उत्तमाँग, मस्तक, शीर्ष, सिर ।
सागर—समुद्र, पयोधि, वारिधि, जलनिधि, रत्नाकर ।
सुन्दर—रुचिर, मनोहर, रमणीक, ललित, रम्य, मनोज्ञ ।
सोना—सुवर्ण, कंचन, स्वर्ण, जातरूप, चामीकर ।
स्वर्ग—द्यौ, सुरलोक, नाक, दिव्य, देवलोक ।
सिंह–हरि, शेर, केसरी, केहरी, नाहर, मृगपति ।
स्त्री—नारी, अबला, रमणी, कान्ता, कामिनी, ललना, महिला ।
स्कूल—विद्यालय, पाठशाला, शाला ।
हाथ—हस्त, कर, पाणि ।
हाथी—यज, हस्ती, करि मतंग, कुंजर, द्विरद, द्विप ।
वायु—अनिल, समीर, वात, पवन, हवा ।
सूर्य—आदित्य, दिनकर, दिवाकर, रवि ।
दुनिया—संसार, जगत, विश्व ।

जहाज—वायुयान, यान ।

पिता—बाप, जनक, तात ।

मित्र—सखा, सहचर, साथी, सुहृद ।

साँप—सर्प, भुजंग, अहि, फणी, विषधर, नाग ।

नदी—सरित, सरिता, निम्नगा तटिनी, तरंगिनी ।

दुख—कष्ट, क्लेश, पीड़ा, वेदना, व्यथा ।

हृदय—उर, मन, मानस, हिय, चित्त ।

पृथ्वी—भू, भूमि, वसुधा ।

स्त्री—नारी, अबला, रमणी ।

गंगा—सुरसरित, जाह्नवी, मन्दाकिनी ।

पत्नी—वधु, भार्या, अर्धांगिनी ।

रात्रि—रात, निशा, रजनी ।

इच्छा—अभिलाषा, लालसा, तमन्ना, ख्वाहिश, कामना ।

अमृत—पीयूष, सुधा, सोम ।

फूल—पुष्प, कुसुम, सुमन ।

अभ्यास

प्रश्न—निम्नलिखित शब्दों के पर्यायवाची लिखो :—

श्वेत	खून	झूठा	केश
जीभ	घर	असुर	पत्ता
भूषण	वायु	मूर्ख	नदी
गंगा	इच्छा		

□

27

विपरीतार्थक (विलोम) शब्द

अधिक	न्यून (कम)	प्राचीन	अर्वाचीन
अनन्त	सान्त	उत्कृष्ट	निकृष्ट
अघ	अनघ	अवैध	वैध
उत्तम	अधम	अनुज	अग्रज
अनुराग	विराग	छोटा भाई	बड़ा भाई
अपव्यय	मितव्यय	अमृत	विष
अर्थ	अनर्थ	अल्प, थोड़ा	वहु
आय	व्यय	अन्त	आदि
आदर्श	यथार्थ	उपस्थित	अनुपस्थित
उर्वर	ऊसर	उतार	चढ़ाव
उष्ण	शीत	अभिमानी	नम्र
अन्धकार	प्रकाश	अंधरा	उजाला
आशा	निराशा	आरम्भ	समाप्ति
इहलोक	परलोक	ईमानदार	बेईमान
उत्कर्ष	अपकर्ष	उत्थान	पतन
उत्तर	दक्षिण	एक	अनेक
ऐच्छिक	अनिवार्य	ऐश्वर्य	दारिद्रय
कुटिल, कठिन	सरल	कोमल	कठोर
कृतज्ञ	कृतघ्न	क्रय	विक्रय
कृत्रिम	स्वाभाविक	कीर्ति	अपकीर्ति
क्षमा	दण्ड	क्षुद्र	महान्
क्षय	वृद्धि	कड़वा	मीठा
खंडन	मण्डन	जल	थल

जाति	विजाति	तटस्थ	पक्षपाती
तीव्र	मन्द	त्यागी	स्वार्थी
थोक	परचून	दयालु	निर्दय, क्रूर
दीर्घ	ह्रस्व	धनाढ्य	दरिद्रय
नख	शिख	नास्तिक	आस्तिक
नागरिक	ग्रामीण	निर्गुण	सगुण
नूतन	पुरातन	पाप	पुण्य
पण्डित	मूर्ख	प्रत्यक्ष	परोक्ष
पराधीन	स्वाधीन	पतिव्रता	कुलटा
पूर्ण	रिक्त	बन्धन	मोक्ष, मुक्ति
भूत	भविष्य	मुख्य	गौण
मिथ्या	सत्य	मित्र	शत्रु
मलिन	निर्मल	मानव	दानव
मधुर	कटु	मौखिक	लिखित
रक्षक	भक्षक	राजा	रंक
लौकिक	अलौकिक	विधवा	सधवा
विष	अमृत	लाभ	हानि
सुलभ	दुर्लभ	श्रद्धा	घृणा
स्थिर	अनस्थिर	साधारण	विशेष
सुगन्ध	दुर्गन्ध	स्वामी	सेवक
सूक्ष्म	स्थूल	सन्धि	विग्रह
सौभाग्य	दुर्भाग्य	संक्षिप्त	विस्तृत
ह्रास	विकास	आदि	अनादि
जड़	चेतन	जीवन	मरण
उद्यम	आलस्य	आयात	निर्यात
गुरु	लघु	सृष्टि	प्रलय
स्थावर	जंगम	रुग्ण	स्वस्थ

समास	व्यास, विग्रह	स्वर	व्यंजन
श्वेत	कृष्ण	तीक्ष्ण	कुंठित
शैशव	यौवन	राजतन्त्र	प्रजातंत्र
सुराज	कुराज	कनिष्ठ	ज्येष्ठ
उन्नत	अवनत	उत्साह	निरुत्साह
उत्तीर्ण	अनुत्तीर्ण	नश्वर	अनश्वर
गौरव	लाघव	दक्षिण	वाम
निरक्षर	साक्षर	प्राकृतिक	अप्राकृतिक
भौतिक	आध्यात्मिक	श्याम	धवल
हिंसा	अहिंसा	अपना	पराया
वृष्टि	अनावृष्टि	असन्तोष	सन्तोष
आलस्य	स्फूर्ति	उष्ण	शीत
गुप्त	प्रकट	चल	अचल
चंचल	निश्चल	त्यागी	स्वार्थी
पुरस्कार	तिरस्कार	प्रवृत्ति	निवृत्ति
बन्धन	शक्ति	विरोधी	समर्थक
शयन, निद्रा	जागरण	सदुपयोग	दुरुपयोग
उचित	अनुचित	उदय	अस्त
उपकार	अपकार	आकाश	पाताल
उदार	अनुदार, कृपण	जय	विजय
यश	अपयश	शोक	हर्ष
अनुकुल	प्रतिकूल	निन्दा	स्तुति
आदान	प्रदान	गुण	दोष
धीरता	अधीरता	उन्नति	अवनति
अन्याय	न्याय	कंटक	निष्कंटक
सुभिक्ष	दुर्भिक्ष	चेतन	जड़
वृद्धि	क्षय	सुख	दुःख

कृतज्ञ	कृतघ्न	स्वतंत्र	परतंत्र
अभिमान	निरभिमान	नूतन	पुरातन
उदय	अस्त	विधवा	सधवा
कटु	मधुर	संयोग	वियोग
नूतन	पुरातन	उत्थान	पतन

अभ्यास

प्रश्न— निम्नलिखित शब्दों के विपरीतार्थक शब्द लिखो —

सबल, विद्या, गम्भीर, खेल, पुरस्कार, प्रातः, सच्चरित्र, धूप, कपट, खग, सजीव, रोगी, मनुष्यता, वरदान, गोचर, स्वतन्त्र, साकार, सम, शुभ, स्त्री, खुरदरा, ज्ञान, जीत, ज्ञानी, सच, डरपोक, तंग, दिन, धीर, निकट, निद्रा, प्रकाश, पक्ष, पूरा, प्रश्न, बच्चा, भारी, मान, योगी, वैर, युद्ध, सरल, सूखा, संक्षेप, स्वच्छ, सुख, सफल, सुगम, हार, संयोग ।

□

28

भिन्नार्थक शब्द (प्रायः समोच्चरित)

आकाश—आसमान	अवकाश—छुट्टी
अचल—पर्वत	अचला – पृथ्वी
अदृश्य—जो दिखाई न दे	अदृष्ट—भाग्य
अनु—पीछे	अणु – कण, जर्रा

अवधि—मियाद, समय	अवधी—अवध में बोली जाने वाली भाषा
अन्न—अनाज	अन्य—दूसरा
अन्त—समाप्त	अन्त्य—अन्त का
अनिष्ट—बुराई	अनिष्ठ—निष्ठाहीन
अपमान—अनादर	उपमान—समान
अपेक्षा—बनिस्बत, तुलना में	उपेक्षा—लापरवाही
अवलम्ब—सहारा	अविलम्ब—शीघ्र, बिना देर किए
अवश्य—जरूर	अवस—बेवस
अस्तु—अच्छा	अस्त—छिपा हुआ
अभिराम—सुन्दर	अविराम—निरन्तर
आदि—आरम्भ, वगैरह	आदी—आदत
उधार—ऋण	उद्धार—मुक्त, छुटकारा
उपहार—भेंट	अल्पाहार—नाश्ता, हल्का भोजन
उपभोग—भोग	अपभोग—किसी के धन का अनुचित उपयोग
कुल—वंश	कूल—किनारा
कमल—फूल	कोमल—नर्म
काल—यमराज, समय	अकाल—दुर्भिक्ष
कृत—रचित	कृति—रचना
क्रम—सिलसिला	कर्म—क्रिया
गत—बीता हुआ	गीत—गाना
गृह—घर	ग्रह—सूर्य आदि ग्रह
चरम—अन्तिम	चर्म—चमड़ा
छत्र—छाता	क्षेत्र—इलाका
जलज—कमल	जलद—बादल

जरा—बुढ़ापा	जरा—थोड़ा
लक्ष—लाख	लक्ष्य—उद्देश्य
व्यंजन—पकवान	व्यजन—पंखा
विधान—कानून	व्यवधान—रुकावट
वसन—कपड़ा	व्यसन—बुरी आदत
विष—जहर	विस—कमलनाल
शक्ल—मुखड़ा (सूरत)	सकल—सारा
शर—बाण, तीर	सर—तालाब
शुल्क—फीस	शुक्ल—सफेद
शूर—वीर	सूर—सूर्य, अन्धा
सर्ग—सृष्टि	स्वर्ग—देवलोक
समान—तुल्य	सम्मान—आदर
समिति—सभा	सम्मति—सलाह
हंस—पक्षी	हँस—हँसना
उपकार—भलाई	अपकार—बुराई
नग—पर्वत	नाग—हाथी, साँप
कटि—कमर	कोटि—करोड़
नव—नया, नौ	नाव—नौका
आधि—मानसिक रोग	व्याधि—शारीरिक रोग
चिर—देर	चीर—वस्त्र
बाढ़—खेत की रोक	बाढ़—जल प्रवाह
शोक—अफसोस, दुःख	शौक—इच्छा
निधन—मौत	निर्धन—धनहीन
वस्तु—चीज	वास्तु—भवन
प्रान्त—प्रदेश	प्रातः—सवेरा
चीता—हिंसक जीव	चिता—मुर्दे को जलाने के लिए विशेष ढंग से चिना गया इंधन

सम—बराबर	शम—शान्ति
उद्यत—तैयार	उद्धृत—किसी पुस्तक आदि से लिया गया मूल अंश
तल—निचला स्थान	ताल—तालाब
तुरंग—घोड़ा	तरंग—लहर
दिशा—पूर्व आदि दिशा	दशा—अवस्था
तरणी—नौका	तरुणी—जवान स्त्री
दल—सेना, पत्ता	दलदल—कीचड़
दिन—दिवस	दीन—गरीब
द्वीप—टापू	द्विप—हाथी
नारी—स्त्री	नाड़ी—नब्ज
निर्जर—देवता	निर्झर—झरना
पंच—पाँच	पाँच—पाँच का अंक
प्रमाण—सबूत	परिमाण—नापतोल
	परिणाम—नतीजा
प्रमाद—लापरवाही	प्रमोद—आनन्द
प्रतीक्षा—इन्तजारी	परीक्षा—इम्तहान
परिषद—सभा	पार्षद—सभासद
प्रकृत—यथार्थ	प्रकृति—स्वभाव
प्रथा—रीति	पृथा—अर्जुन की माता
पुरुष—मनुष्य	परुष—कठोर
प्रकार ढंग	प्राकार—खाई
प्रसाद—प्रसन्नता, कृपा	प्रासाद—महल
प्रतिदान—बदले में देना	अनुदान—सहायता की राशि
पाणि—हाथ	पानी—जल
बदन—शरीर	बदन - मुख

भवन—घर	भुवन—संसार
मन—दिल	मान—सम्मान
मद्य—शराब	मध्य – बीच
मूल—जड़	मूल्य—कीमत
युगल—दो	युग्म—जोड़ा
कटक—सेना	कंटक—काँटा
निर्वाण—मुक्ति	निर्माण—बनाना
प्रवाह—बहाव	प्रभाव—असर
कलि—कलयुग	कली—अधखिला फूल
कृपण—कंजूस	कृपाण – तलवार, कटार

अभ्यास

प्रश्न—नीचे लिखे शब्द—जोड़ों के अर्थ स्पष्ट करने के लिए एक-एक वाक्य बनाइए—

1. अनल, अनिल ।
2. अन्न, अन्य ।
3. अस्तु, अस्त ।
4. कुल, कूल ।
5. गृह, ग्रह ।
6. जलज, जलद ।
7. प्रसाद, प्रासाद ।
8. विधान, व्यवधान ।
9. उपकार, अपकार ।
10. तरण, तरुणी ।
11. अस्त्र, शस्त्र ।
12. अवधि, अवधी ।

□

29

सूक्ष्मार्थ भेद वाले शब्द

11. अज्ञ—जिसे कुछ ज्ञान न हो
मूर्ख - जो जड़ बुद्धि हो।
अनभिज्ञ—जो बुद्धिमान है परन्तु जिसे विशेष बात का पता न हो।
2. अभिमान—सच्चा गर्व।
अहंकार—घमंड।
3. अमूल्य—जिस वस्तु का कोई मूल्य निर्धारण न किया जा सके।
बहूमूल्य—जिस वस्तु का मूल्य बहुत हो।
4. अलौकिक—सामान्य लौकिक, किसी गुण विशेष से अधिक गुण।
अस्वाभाविक—प्रकृति के विरुद्ध।
5. अबला—नारी मात्र।
निर्बला—बलहीन स्त्री।
6. कष्ट—मन और शरीर दोनों की असुविधा
क्लेश—शारीरिक कष्ट
निर्णय—फैसला
न्याय—जाँच करके सच को सच तथा झूठ को झूठ प्रकट करना।
8. पाप—ईश्वर, प्रकृति तथा समाज के नियमों के विरुद्ध आचरण।
अपराध—नियम के विरुद्ध आचरण।

9. खेद—सामान्य अप्रसन्नता ।
शोक—प्रिय व्यक्ति की मृत्यु से उत्पन्न दुःख ।
10. प्रेम—साधारण अर्थ में ।
स्नेह—छोटों पर या मित्रों पर प्रेम ।
वात्सल्य—शिशु पर या सन्तान पर प्रेम ।
11. मन—संकल्प-विकल्प करने वाला ।
दिल— बातों को याद करवाने और भुलाने वाला ।
12. मत—सिद्धान्त, मजहब (किसी धर्म का एक सम्प्रदाय) ।
धर्म—प्रत्येक मनुष्य का कर्तव्य, जिसे मानने वाली एक विशाल जाति हो ।
13. दया – दूसरों का दुःख दूर करने की स्वाभाविक इच्छा ।
कृपा—दूसरों के दुःख को दूर करने की इच्छा ।
14. अस्त्र—जो किसी यन्त्र द्वारा फेंककर चलाया जाए ।
शस्त्र—जो पास खड़े होकर हाथ से चलाया जाए ।
15. आधि—मानसिक पीड़ा ।
व्याधि—शारीरिक पीड़ा ।
16. साहस—हौसला ।
उत्साह—हिम्मत ।
17. सेवा—बड़ों की सेवा ।
शुश्रूषा—रोगी या दुःखी की सेवा ।
18. स्पर्धा—उन्नति में दूसरों से बढ़ जाने की इच्छा ।
ईर्ष्या—दूसरों की सफलता देखकर जलना ।
19. द्वेष—कारणवश दूसरों से शत्रुता या घृणा ।
हिंसा—मारने का काम ।
20. स्त्री—(प्रत्येक) औरत ।
पत्नी—अपनी विवाहिता स्त्री ।

21. बालक—लड़का ।
    पुत्र—अपना बेटा ।
22. माता – माँ अथवा किसी वृद्धा स्त्री को आदरार्थ सम्बोधन के लिए ।
    जननी—पैदा करने वाली माँ ।
23. नमस्कार—बराबर वालों को नमस्ते ।
    प्रणाम—बड़ों के सामने झुकना ।
    नमस्ते—सभी के लिए।
24. आतंक – प्रभावित होकर डरना ।
    भय—डर ।
25. आयु—उम्र
    अवस्था—दशा ।
26. सन्देह—शक ।
    भ्रम—भ्रान्ति ।
27. सन्तोष—सब्र ।
    तुष्टि –प्रसन्नता ।
28. मन्त्र—वेद की ऋचा।
    मन्त्रणा—सलाह ।
29. दुःख—साधारण कष्ट ।
    वेदना—पीड़ा
30. व्रण—घाव ।
    वर्ण—रंग, अक्षर
31. निर्दय—जो दुखी जन पर दया न करे ।
    क्रूर— जो अत्याचार करे।
32. असभ्य—जो व्यवहार करना नहीं जानता ।
    उद्दण्ड—शरारत करने वाला ।

अभ्यास

प्रश्न—निम्नलिखित सूक्ष्मार्थं भेद वाले शब्दों को वाक्यों में इस प्रकार प्रयोग कीजिए कि उनका अर्थ स्पष्ट हो जाए—

1. अभिमान, अहंकार।
2. अमूल्य, बहुमूल्य।
3. अबला, निर्बला।
4. पाप, अपराध।
5. प्रेम, वात्सल्य।
6. साहस, उत्साह।
7. स्पर्धा, ईर्ष्या।
8. स्त्री, पत्नी।
9. माता, जननी।
10. भ्रम, भ्रान्ति।

□

30
अनेकार्थक शब्द

1. अंक—संख्या के अंक, गोद, नाटक के अंक, चिह्न।
2. अज—ब्रह्मा, शिव, बकरा, दशरथ के पिता।
3. अम्बर—वस्त्र, आकाश।
4. अक्षर—वर्ण, ब्रह्मा, नाश रहित।
5. अर्क—सूर्य, आक, औषधियों का रस।
6. अर्थ—धन, मतलब, कारण।
7. उत्तर—जवाब, उत्तर दिशा (नॉर्थ)।
8. कर—टैक्स, हाथ, किरण, सूंड।
9. कल—बीता हुआ दिन, आने वाला दिन, सुन्दर, चैन, मशीन।

10. काल - समय, मृत्यु, अवधि ।
11. कुल—वंश, समस्त ।
12. गुण—रस्सी, (सत, रज तथा तम) ये गुण, धनुष की डोरी, विशेषता (क्वालिटी) ।
13. गुरु—शिक्षक, बड़ा, दो मात्रा वाला स्वर, बृहस्पति ।
14. घट—घड़ा, कम, शरीर हृदय ।
15. दण्ड—सजा, डण्डा ।
16. दल—पत्ता, समूह, पक्ष ।
17. द्विज—ब्राह्मण, क्षत्रिय, वैश्य ये तीन जातियाँ, पक्षी, दाँत ।
18. नाग--सर्प, हाथी, नागकेसर ।
19. पक्ष—महीने का आधा भाग, पंख, तरफ, हिमायत ।
20. पतंग—कनकौआ (गुड्डी) पक्षी, सूर्य, पतंग ।
21. पंच—पाँच, पंचायत का सदस्य ।
22. पत्र—चिट्ठी, पत्ता, कागज ।
23. पद—गीत, पैर, पदवी, छन्द का एक चरण ।
24. पय – दूध, पानी ।
25. प्रसाद—प्रसन्नता, कृपा, नैवेद्य ।
26. पृष्ठ—पीठ, पुस्तक का पन्ना ।
27. पानी—जल, चमक, मान, तलवार की धार ।
28. पूर्व—पहले, पूर्व दिशा ।
29. मित्र—सूर्य, सखा ।
30. रस—मीठा, खट्टा आदि रस, प्रेम, काव्य के नौ रस, जल, आनन्द, गन्ने का रस ।
31. रक्त--लाल, खून, प्रेम, मग्न ।
32. राग—प्रेम (अनुराग) संगीत, लालिमा ।
33. वर—दूल्हा, वरदान, श्रेष्ठ ।

34. वर्ण—जाति, रंग, अक्षर ।
35. विधि—विधाता, रीति, भाग्य ।
36. शिव—कल्याण, महादेव ।
37. सूत—धागा, डोरी, सारथी ।
38. हंस—एक पक्षी, आत्मा ।
39. हरि—विष्णु, बन्दर, सिंह, घोड़ा, मेंढक ।
40. तात—पिता, भाई, मित्र, बड़ा, पूज्य, प्यारा ।

अभ्यास

प्रश्न—निम्नलिखित शब्दों के अनेकार्थक शब्द लिखें—

आग, कर, पक्ष, गुरु, द्विज, ब्रह्मा, नाग, प्रसाद, रस, हरि ।

□

31

वाक्य या वाक्यांश के लिए एक शब्द

जो दिखाई न दे	अदृश्य
जो पढ़ा हुआ न हो	अनपढ़
जिसका आदि न हो	अनादि
जो अल्प (थोड़ा) जानता हो	अल्पज्ञ
जो वेतन के बिना काम करे	अवैतनिक
जो नीचे लिखा गया हो	अधोलिखित या निम्नलिखित
जिसका अन्त न हो	अनन्त

जिसका पार न हो	अपार
जो कभी न मरे	अमर
जिसका नाथ (मालिक, माता-पिता आदि न हो)	अनाथ
जिसकी तुलना न हो	अतुलनीय
जिस पर अभियोग (मुकदमा) चलाया जाए	अभियुक्त
जो मनुष्य से न किये जाने योग्य न हो	अमानुषिक
जो सबसे पहले (आगे) गिना जाए	अग्रगण्य
जिसकी थाह (गहराई) न पाई जा सके	अथाह
बिना सोचे-समझे किया जाने वाला विश्वास	अन्धविश्वास
जिसका कोई शत्रु पैदा न हुआ हो	अजातशत्रु
जहाँ कठिनता से पहुँचा जाए	अगम, दुर्गम
जिसका इलाज न हो सके	असाध्य
जो क्षमा न किया जा सके	अक्षम्य
जिसके समान द्वितीय (दूसरा) कोई न हो	अद्वितीय
जो (आगे) आने वाला हो	आगामी
जो अपने पर बीती हो	आपबीती
जो अपनी हत्या आप करे	आत्मघाती
जो ईश्वर के अस्तित्व (होने) में विश्वास रखता हो	आस्तिक
जब तक जीवन है, तब तक	आजीवन
जो ऊपर (उक्त) कह दिया गया हो	उपर्युक्त
जो किसी के बाद उसकी जायदाद आदि का हकदार हो	उत्तराधिकारी
जिसने ऋण चुका दिया हो	उऋण
जिसका इतिहास से सम्बन्ध हो	ऐतिहासिक

जहाँ औषध (दवाइयाँ) रखी हों	औषधालय
जो किए हुए उपकार को जाने	कृतज्ञ
निशा (रात) में चरने (घूमने) वाला	निशाचर
जो राजनीति को जानता हो	राजनीतिज्ञ
जिसमें रस न हो	नीरस
जो आमिष (माँस) न खाता हो	निरामिष
जो दूसरों का उपकार करे	परोपकारी
जो आँखों के सामने हो	प्रत्यक्ष
जो पक्ष (पन्द्रह दिन) में एक बार हो	पाक्षिक
जो फल खाकर निर्वाह करे	फलाहारी
जो बहुत प्रकार के रूप धारण करे	बहुरूपिया
जो मीठा बोलने वाला हो	मधुरभाषी
जो मित (थोड़ा) बोलने वाला हो	मितभाषी
जो मास में एक बार हो	मासिक
जिसके नीचे (या ऊपर) रेखा लगाई गई हो	रेखांकित
जिसकी पत्नी मर चुकी हो	रंडुवा (विधुर)
जो व्याकरण शास्त्र का ज्ञाता हो	वैयाकरणी
जो वर्ष में एक बार हो	वार्षिक
जिसका पति मर चुका हो	विधवा
जो बहुत (व्यर्थ) बोलने वाला हो	वाचाल
विष्णु का उपासक	वैष्णव
जो अन्न, शाक आदि का भोजन करता हो	शाकाहारी
जिसकी सहस्र (हजार) बाहुएँ हों	सहस्त्रबाहु
जो रोग एक से दूसरे को हो जाए	संक्रामक रोग

जो सप्ताह में एक बार हो	साप्ताहिक
जो सहने की शक्ति रखता हो	सहिष्णु
जिसका पति हो	सधवा
जो एक ही जाति से सम्बन्ध रखने वाला हो	सजातीय
जो एक स्थान पर एक ही साथ पढ़ते हों	सहपाठी
जो सर्वत्र व्यापक (मौजूद) हो	सर्वव्यापक
जो किये हुए उपकार को न जाने(न माने)	कृतघ्न
जो काम से जी चुराए	कामचोर
जिनके कान फटे हों	कनफटा
जो गाँव में रहने वाला हो	ग्रामीण
जिसकी चार भुजाएँ हों	चतुर्भुज
जिसके चार पैर हों	चौपाया
जो कुछ जानने की इच्छा रखता हो	जिज्ञासु
जिस (पर्वत) के मुख ज्वाला (आग) निकले	ज्वालामुखी
जिसके पास थोड़ी पूंजी हो	टटपूंजिया
जो तीन मास में एक बार हो	त्रैमासिक
जो तीनों (भूत, भविष्य, वर्तमान) को (प्रत्यक्ष) देखे	त्रिकालदर्शी
तीनों लोकों का समूह	त्रैलोक्य
जो दर्शन (शास्त्र) का विद्वान् हो	दार्शनिक
जो दूर की बात पहले ही जानता हो या ध्यान रखता हो	दूरदर्शी
जो प्रतिदिन होता हो	दैनिक
पत्नी और पति (का जोड़ा)	दम्पती
जो प्रत्येक काम में देर कर दे	दीर्घसूत्री

जो न्याय-शास्त्र का पण्डित हो	नैयायिक
जिसका परमात्मा के होने में विश्वास न हो	नास्तिक
जिसमें बल न हो	निर्बल
जो दया से रहित हो	निर्दय
जिसका आकार (शक्ल) न हो	निराकार
जिसे लज्जा न हो	निर्लज्ज
जो नगर में रहता हो	नागरिक
जो स्वयं किसी प्रकार की सेवा स्वीकार करे	स्वयंसेवक
जिसको सुनकर हृदय फटे	हृदय-विदारक
शक्ति के अनुसार	यथाशक्ति
जो विज्ञान को जानता हो	वैज्ञानिक
जिसमें आठ अध्याय हों	अष्टाध्यायी
जो हँसने वाला हो	हँसमुख
धन (अर्थ) से संबंध रखने वाला	आर्थिक
प्रजा के अधीन राज्य	प्रजातंत्र
जिसकी आन्तरिक आँखें खुली हों	प्रज्ञाचक्षु
जिसका भोजन दूध ही हो	दुग्धाहारी
जो विद्या पढ़ता हो	विद्यार्थी
जो परीक्षा लेता हो	परीक्षक
पीछे चलने वाला	अनुचर
एक-एक अक्षर करके	अक्षरशः
फिजूल खर्च करने वाला	अपव्ययी
जो विद्या पढ़ाने वाला हो	अध्यापक
दर्शन का अभिलाषी	दर्शनाभिलाषी
विघ्नों से रहित	निर्विघ्न
जिसे कोई चिंता न हो	निश्चिन्त

जिसे कोई रोग न हो	नीरोग
जो सब कुछ जानता हो	सर्वज्ञ
जिसका आचरण अच्छा न हो	दुराचारी
जो कभी बूढ़ा न होता हो	अजर
अपना नाम स्वयं लिखना	हस्ताक्षर
जिसका भाग्य खराब हो	अभागा
अच्छे भाग्य वाला	भाग्यवान
जो काम आसान हो	सुकर
जो काम कठिन हो	दुष्कर
जिसमें धैर्य न हो	अधीर
छः महीने में एक बार	छमाही
जिस भूमि में उपज न हो	ऊसर
जिस भूमि में उपज खूब हो	उपजाऊ (उर्वरा)
जो किसी का पक्षपात करे	पक्षपाती
दूसरे के मन को जानने वाला	अन्तर्यामी
जिस पर विश्वास न किया जाए	अविश्वसनीय
जिसका वर्णन न किया जा सके	अवर्णनीय
जिसका सम्बन्ध पश्चिम से हो	पाश्चात्य
पत्नी के साथ	सपत्नीक
ईश्वर को न मानने वाला	नास्तिक
जिसे न जीता जा सके	अजेय
मीठा बोलने वाला	मधुरभाषी

अभ्यास

प्रश्न—निम्नलिखित वाक्यों के लिए एक शब्द लिखें—

जो विद्या पढ़ने वाला हो

पीछे चलने वाला

सदा हँसने वाला
प्रजा का रक्षक
जो सप्ताह में एक बार आए
दूसरे का भला करने वाला
जिसका पति हो
कम बोलने वाला
जिसका कोई शत्रु न हो
भगवान् में विश्वास करने वाला
जिसका कोई शत्रु पैदा न हुआ हो
जो मनुष्य से न हो सके
जिसका नाथ न हो
जो राजनीति को जानता हो
निशा में चरने वाला
जो आमिष (मांस) न खाता हो

□

32

मुहावरे

(मुहावरे, उनके अर्थ तथा प्रयोग)

अंगार उगलना—गुस्से में कठोर वचन बोलना। शिव धनुष को टूटा हुआ देखकर और व्यंग्य वचनों को सुनकर परशुराम अगार उगलने लगे।

अंगूठा दिखाना—वस्तु देने या काम करने से साफ इन्कार

करना। रमेश से कोई वस्तु मांगों तो वह झट अँगूठा दिखा देता है।

अन्त पाना—रहस्य समझ लेना, तत्त्व जानना। प्रभु का सच्चा भक्त प्रभु का अन्त पा लेता है।

अन्धे की लकड़ी—एकमात्र सहारा। श्रवण अपने माता-पिता की अन्धे की लकड़ी था।

अक्ल पर पत्थर पड़ना—बुद्धि नष्ट होना। जिस शाखा पर बैठें हो, उसे ही काट रहे हो, तुम्हारी अक्ल पर पत्थर तो नहीं पड़ गए !

अगर-मगर करना—टालमटोल करना। मोहन मेरी पुस्तक लौटाने की बजाय अगर-मगर करने लगा।

अपना उल्लू सीधा करना—अपना मतलब निकालना। देश की भलाई का किसे ध्यान है, सब अपना उल्लू सीधा करते हैं।

अपना राग अलापना—अपनी ही बात कहते जाना या अपनी ही बड़ाई करते जाना। समस्या का हल खोजने की बजाय सब अपना ही राग अलापते रहे।

अपना सा मुंह लेकर रह जाना—लज्जित होना, निराश होना। वास्तविकता खुल जाने पर महेन्द्र अपना-सा मुंह लेकर रह गया।

अपनी खिचड़ी अलग पकाना—सबसे अलग कोई काम करना या रहना। रवीन्द्र किसी के साथ मिलकर काम नहीं करता, वह तो सदा अपनी खिचड़ी अलग पकाता है।

अपने पांव पर कुल्हाड़ी मारना—अपनी हानि अपने आप करना। जो लोग किसी की होड़ करके धन का अपव्यय (फिजूल-खर्ची) करते हैं, वे अपने पाँव पर आप कुल्हाड़ी मारते हैं।

अपने मुंह मियाँ मिट्ठू बनना—अपनी बड़ाई आप करना। अंगद ने रावण से कहा—अपने मुंह मियाँ मिट्ठू बनने में क्या लाभ।

आँख उठाना—हानि पहुंचाने के लिए सोचना या यत्न करना। यदि हम संगठित होते तो विदेशी हमारी और आँख भी न उठा सकते थे।

आँख खुलना—जागना। आधी रात को मेरी आँख खुल गई।

आँखें खुलना—होश में आना; सावधान होना। वैद्य की चिकित्सा से लाभ हुआ, रोगी ने आँखें खोल दीं। अब मेरी आँखें खुली हैं कि जिसे मैं अपना मित्र समझता था वह तो घोर स्वार्थी निकला।

आँख चुराना—सामने आने पर एक तरफ हो जाना या न मिलना। राकेश कभी इधर से आता भी है तो आँख चुराकर निकल जाता है।

आँख लगना—प्रेम होना; नींद आना। अधिकांश सिनेमा कथानकों का आरम्भ प्रायः नायक-नायिका के आँख लगने से ही शुरू होता है। युवक-युवतियों का आँख लगना होता है। बच्चे की अभी आँख लगी है।

आँच न आने देना—कुछ भी हानि या बदनामी न होने देना। श्रीकृष्ण ने अर्जुन से कहा—तुम युद्ध से विमुख मत होओ, तुम पर आँच न आने दी जाएगी।

आँखें दिखाना—क्रोध से देखना या डाँटना। मैंने आपका कुछ अपकार नहीं किया, फिर क्यों मुझे आँखें दिखाते हो ?

आँखें नीची होना—लज्जित होना। सामने आने पर झूठे मनुष्य की आँखें नीची हो जाती है।

आँखें बिछाना—बहुत स्वागत करना। राजा जनक ने

महाराजा दशरथ के लिए आँखें बिछा दीं।

आँख फेर लेना—बदल जाना—स्वार्थ-सिद्धि के बाद अकृतज्ञ लोग मित्रों से आँखें फेर लेते हैं।

आँखों के तारे—बहुत प्यारे। राम, लक्ष्मण, भरत और शत्रुघ्न चारों ही बालक दशरथ की आँखों के तारे थे।

आंखों पर पर्दा डालना—ठीक ज्ञान न होना : भले बुरे की परख न होना। मंथरा की कुमंत्रणा से कैकेयी की आँखों पर परदा पड़ गया।

आँखों में समाना—अच्छे लगना; सदा ध्यान में रहना। आज्ञाकारी व कुशाग्र बुद्धि विद्यार्थी शिक्षकों की आँखों में समा जाते हैं।

आँसू पोंछना—ढाढस बँधाना। शिवाजी ने ब्राह्मणों के आँसू पोंछें और कहा कि मैं दुष्टों को कठोर दण्ड दूँगा।

आँसू पीना—चुपचाप दुःख सहना। बेचारी अबला आँसू पीकर रह गई।

आकाश (आसमान) पर चढ़ना—बहुत घमण्ड करना। देवदत्त जबसे एम० एल० ए० बना है, आकाश पर चढ़ गया है।

आकाश-पाताल एक करना—बहुत अधिक प्रयत्न करना। वह यों ही परीक्षा में प्रथम नहीं आ गया, परीक्षा की तैयारी में उसने आकाश-पाताल एक कर दिया था।

आकाश-पाताल का अन्तर—बहुत अधिक भेद। रावण और विभीषण थे तो सगे भाई, पर उनमें आकाश-पाताल का अन्तर था।

आकाश से बातें करना—बहुत ऊँचा होना। द्वारिकापुरी के महल आकाश से बातें करते थे।

आगा-पीछा सोचना—अच्छी तरह सोचना-विचारना। पहले तो आगा-पीछा न सोचकर गालियाँ दीं, अब क्षमा माँगते हो।

आगे पीछे फिरना—चापलूसी करना । खुशामदी क्लर्क सदा अफसरों के आगे-पीछे फिरा करते हैं ।

आटे-दाल का भाव मालूम होना—कठिनाई का वास्तविक अनुभव होना । बाल बच्चेदारों के आए दिन आकस्मिक विभिन्न खर्चों की बात सुनकर मोहन उन्हें सिर्फ बहाने बताया करता था, किन्तु जब खुद बाल बच्चेदार हो गया तब उसे आटे-दाल का भाव मालूम हुआ ।

आपे से बाहर आना—अत्यधिक क्रुद्ध होना, काबू में न रहना । शिव-धनुष के टूटने का पता चलते ही परशुराम आपे से बाहर हो गये ।

आव देखा न ताव—भला-बुरा सोचे बिना । पत्नी के शिकायत करने पर सन्तराम ने आव देखा न ताव, अपने छोटे भाई को बुरी तरह पीटना शुरू कर दिया ।

इधर-उधर की हाँकना—गप्पें लगाना— जब हमने पूछा कि कलकत्ते में क्या करते हो तो चन्द्रप्रकाश इधर-उधर की हाँकने लगा ।

इने-गिने—थोड़े से । कर्तव्य पर दृढ़ रहने वाले इने-गिने ही होते हैं ।

ईंट से ईंट बजाना—नष्ट कर देना । बानर सेना ने लंका की ईंट से ईंट बजा दी ।

ईद का चाँद होना—बहुत दिनों बाद दर्शन होना । चिरकाल बाद पृथ्वीनाथ को देखकर सब कहने लगे—तुम तो ईद के चाँद हो गए हो ।

ऊँगली पर नचाना—किसी को अपनी इच्छानुसार चलाना । मोहन जब से कोषाध्यक्ष बना है तभी से प्रधानजी को उँगली पर नचा रहा है ।

उँगली पर नाचना—किसी के इशारे पर चलना । देशद्रोही अंग्रेजों की उँगली पर नाचते थे ।

उगल देना—सब भेद कह देना। पुलिस का डण्डा देखकर चोर ने सारी बातें उगल दीं।

उड़ती चिड़िया पहचानना—किसी के हृदय की असली बात को ताड़ जाना। हमारे सामने मत बनिए, हम लोग उड़ती चिड़िया पहचानते हैं।

उधार खाए बैठना—किसी बात पर तुल जाना, किसी चीज के आसरे रहना। मोहन तो जैसे पहले से ही उधार खाए बैठा था, देवेश के जरा छेड़ते ही जली-कटी सुनाने लगा।

उधड़-बुन—चिंता, सोच, यत्न। मोहन आजकल इसी उधेड़-बुन में है कि किसी प्रकार वह मुकदमे में जीत जाय।

उल्टी गंगा बहाना—लोक-व्यवहार से उलटा काम करना। रमेश द्वारा अपने शराबी पिता को शराब की हानियों पर लेक्चर देते देखकर उसके पड़ोसी ने कहा, यदि पिता शराबी न होता तो पुत्र उसे क्यों उपदेश देकर उल्टी गंगा बहाता।

एड़ी से चोटी तक—पूरी तरह। सुन्दरसिंह ने एड़ी से चोटी तक का जोर लगा लिया, पर वह मुकदमा जीत न सका।

एड़ी-चोटी का पसीना एक करना—बहुत अधिक परिश्रम करना। एड़ी-चोटी का पसीना एक करके सुरेश ने अपना काम बना लिया।

कट जाना—लज्जित होना। राणा प्रताप के वचन सुनकर मानसिंह कट गया।

कमर कसना—तैयार होना, दृढ़ निश्चय करना। वीरो, देश को स्वतंत्र कराने के लिए कमर कस लो।

कमर टूटना—बड़े सहायक का अभाव हो जाना, हिम्मत न रहना। भीष्म पितामह के गिर पड़ने से कौरव-सेना की कमर टूट गई।

कमर बाँधना—पूरी तरह तैयार होना। महात्मा गाँधी ने

देश को स्वतन्त्र कराने के लिए कमर बाँध ली थी।

कलेजे पर साँप लोटना—ईर्ष्या से जलना। राम के राज्य-तिलक का समाचार सुनकर मंथरा के कलेजे पर साँप लोटने लगा।

काँटा दूर करना—बाधक या शत्रु को दूर करना या नष्ट करना। शिवाजी ने सोचा कि अफजलखाँ रूपी काँटे को दूर करना ही पड़ेगा।

काँटे बिछाना—हानि पहुँचाने का यत्न करना। जो दूसरों के रास्ते में काँटे बिछाते हैं वे स्वयं दुःख उठाते हैं।

कान कतरना—बढ़-चढ़कर चालाक होना। हालाँकि वीरेन्द्र अभी उम्र में छोटा ही है, पर बातें करने में बड़ों-बड़ों के कान कतरता है।

कान पकड़ना—पश्चात्ताप करना, फिर वैसा न करने की प्रतिज्ञा करना। कान पकड़ो कि फिर कभी चोरी न करोगे।

कान पर जूँ न रेंगना—कुछ भी ध्यान न देना, कुछ भी असर न होना। विदुर ने दुर्योधन को बहुत समझाया, किन्तु उसके कान पर जूँ तक न रेंगी।

कान भरना—चुगली करना। इन्द्र सदा विद्यार्थियों के विरुद्ध अध्यापक के कान भरता रहता है।

काम आना—मारे जाना, मदद करना। महाभारत के युद्ध में लाखों वीर काम आए। दूसरों की मदद करो, वे भी समय पर तुम्हारे काम आएँगे।

काला अक्षर भैंस बराबर—अनपढ़ होना। जिनके लिए काला अक्षर भैंस बराबर है वे भी इन दिनों गुरु बने बैठे हैं।

किस चक्की का पिसा खाना—कैसा भोजन करना, कैसा स्वभाव बनाना! तुम किस चक्की का पिसा खाते हो कि दिन पर दिन फूलते जा रहे हो।

कुआँ खोदना—किसी की हानि करने का यत्न करना। जो दूसरों के लिए कुआँ खोदते हैं वे आप ही उसमें गिर जाते हैं।

कुछ उठा न रखना—कुछ कसर न छोड़ना। परीक्षा की तैयारी करने के लिए कान्ता ने कुछ उठा न रखा।

कोई दम का मेहमान—कुछ क्षणों में मरने वाला या समाप्त होने वाला। डाक्टर ने कह दिया कि यह रोगी कोई दम का मेहमान है।

कोल्हू का बैल—बहुत मेहनत करने वाला। शिवनाथ तो कोल्हू के बैल की तरह सुबह से शाम तक काम में जुटा रहता है।

खटाई में पड़ना—काम होने में देरी या सन्देह होना। नये मकान का विचार अभी तो खटाई में पड़ा हुआ है।

खरी-खरी सुनाना—साफ-साफ बात कहना। अपने पर लगे आरोपों का सप्रमाण खंडन करते हुए मन्त्री जी ने आरोप लगाने वालों को खरी-खरी सुनाई।

खरी-खोटी कहना—भला-बुरा कहना। बुढ़िया गुस्से में थी, उसने मुहल्ले वालों को खूब खरी-खोटी सुनाई।

खाक उड़ाना—(मिट्टी उड़ाना) बेइज्जत करना। पिता ने उद्दण्ड पुत्र से कहा—बेटा उद्दण्डता से बाज आओ और कुल की इज्जत पर खाक मत उड़ाओ।

खाक छानना—मारे-मारे फिरना, ढूंढ़ना। स्वामी विवेकानन्द सच्चे गुरु की खोज में बहुत दिनों तक खाक छानते फिरे।

खाला जी का घर—सहज काम। आजकल मनचाही नौकरी मिल जाना खाला जी का घर नहीं है।

खिचड़ी पकाना—गुप्त सलाह करना। पता नहीं तुम दोनों हर समय इकट्ठे बैठे क्या खिचड़ी पकाया करते हो!

खेत रहना—लड़ाई में मारे जाना। कुरुक्षेत्र के युद्ध में

लाखों वीर खेत रहे।

गड़े मुर्दे उखाड़ना—बीती हुई बातों को छेड़ना। पुरानी बातों को भूल जाओ, गड़े मुर्दे उखाड़ने से क्या लाभ ?

गत बनाना—पीटना, बुरी हालत करना; हँसी उड़ाकर लज्जित करना। प्रथम भारत केसरी प्रतियोगिता में मास्टर चंदगीराम ने मेहरदीन की अच्छी गत बनाई थी।

गर्म होना—गुस्से में होना, क्रोध में आना। अपनी निन्दा सुनकर रमेश गर्म हो गया।

गले का हार होना—(1) बहुत प्यारा बनना, (2) भार-स्वरूप होना। (1) चापलूस मंथरा कैकेयी के गले का हार बनी हुई थी। (2) साधु लोग जनता के गले का हार बने हुए हैं।

गागर में सागर—थोड़े में बहुत। गीता में सारा तत्वज्ञान विद्यमान है, मानो गागर में सागर भरा हुआ हो।

गाल बजाना—अपनी व्यर्थ बड़ाई करना। अंगद ने रावण से कहा—इस तरह गाल बजाने से कोई वीर नहीं हो सकता।

गाँठ बाँधना—अच्छी तरह स्मरण रखना। गाँधी जी की बात गाँठ बाँध लो कि खादी से ही गरीबों के दुःख दूर होंगे।

गुड़ गोबर कर देना—आनन्द उठाने में विघ्न डाल देना, बना बनाया काम (या बनी बनाई बात) बिगाड़ देना। अरे भाई, तुम शतरंज तो लाए ही नहीं, तुमने तो सारा गुड़ गोबर कर दिया।

गुदड़ी का लाल—अप्रसिद्ध या गरीब गुणी व्यक्ति। कृष्ण कुमार तो गुदड़ी का लाल निकला, वह एम० ए० में सर्वप्रथम आया है।

घड़ियां गिनना—प्रतीक्षा करना। हनुमान ने राम से कहा कि सीता जी हर समय आपके आने की घड़ियां गिनती रहती हैं।

घर में गंगा बहाना—बिना यत्न के घर में ही इष्ट वस्तु का मिलना या घर में ही योग्य व्यक्ति का होना। तुम्हारे तो भाई संस्कृत के विद्वान है, घर में ही गंगा बहती है, उन्हीं से संस्कृत पढ़ लो।

घाव पर नमक छिड़कना—दुःखी को और सताना। इस दुःख के समय उनकी निन्दा करके उनके घाव पर नमक मत छिड़को।

घाव हरा करना—दुःख बढ़ा देना। देश-विभाजन के दिनों की चर्चा छेड़कर तुमने तो पुराने घाव हरे कर दिये।

घी के दीये जलाना—सम्पत्ति वाले होना; बहुत खुशियाँ मनाना। लक्ष्मण के मूर्च्छित होने पर राक्षसों ने घी के दीये जलाए!

चम्पत होना—चुपचाप खिसक जाना। पता नहीं कौन मेरी पुस्तक लेकर चम्पत हो गया है।

चल बसना—मर जाना। भारतेन्दु हरिश्चन्द्र छोटी आयु में ही चल बसे।

चलती गाड़ी में रोड़ा अटकाना—हो रहे काम में बाधा डालना। रुद्रदत्त कविता सुनाने लगा था, पर तुमने उसकी आलोचना करके चलती गाड़ी में रोड़ा अटका दिया।

चादर से बाहर पैर फैलाना—आय या सामर्थ्य से अधिक खर्च करना, या सामर्थ्य से अधिक काम करना। सोच-समझकर खर्च करो, चादर से बाहर पैर फैलाना अच्छा नहीं।

चाँदी होना—खूब लाभ होना। ठेकेदारी के काम में उनकी तो चाँदी हो गई।

चिकना घड़ा—जिस पर कुछ असर न हो। चिकने घड़ों को कितने ही उपदेश सुनाओ उन पर कोई असर नहीं होता।

चूड़ियाँ पहनना—कायर बनना। तानाजी ने कहा—हमने

क्या चूड़ियाँ पहन रखी है। तलवार के एक ही वार से दो टुकड़े कर दूंगा।

चेहरे पर हवाइयाँ उड़ना—डर जाना, भयभीत होना। लंका दहन करने वाले रौद्र रूप धारण किये हनुमान को अपनी ओर आते देखकर राक्षसों के चेहरे पर हवाइयाँ उड़ने लगी।

छक्के छूटना—बुरी तरह हारना; घबरा जाना। नमक सत्याग्रह के समय अंग्रेजों के छक्के छूट गए थे।

छक्के छुड़ाना—बुरी तरह हराना, घबरा देना। महाराणा प्रताप के वीरों ने अकबर की सेना के छक्के छुड़ा दिए।

छटी का दूध याद आना—घोर संकट या कठिनाई का अनुभव होना। भीम के पहले ही प्रहार में कीचक को छठी का दूध याद आ गया।

छाती गज भर की होना—खूब प्रसन्न होना। पुत्र की प्रशंसा सुनकर पिता की छाती ग़ज भर की हो गई।

छाती पर साँप लोटना—किसी को सुखी या किसी का लाभ देखकर जलना। जब मन्थरा ने राम के राजतिलक का समाचार सुना तो उसकी छाती पर साँप लौटने लगा।

छाती पर मूंग दलना—दुःख देना, किसी के सामने ही स्पष्ट रूप से उस पर अत्याचार करना। रावण ने विभीषण से कहा—तू लंका में रहता हुआ राम की प्रशंसा करके मेरी छाती पर मूंग दलता है।

जलती आग में घी डालना—क्रुद्ध व्यक्ति का क्रोध बढ़ाना, लड़ाई बढ़ाना। लक्ष्मण के व्यंग्य वचनों ने परशुराम के क्रोध की जलती आग में ही घी डाला।

जल भुनकर राख हो जाना—बहुत क्रुद्ध होना; ईर्ष्या करना। अंगद के व्यंग्य-भरे वचन सुनकर रावण जल-भुनकर राख हो गया। दुष्ट लोग अपने साथियों की भी उन्नति देखकर

जल-भुनकर राख हो जाते हैं।

जान हथेली पर रखना—मरने की भी कुछ परवाह न करना। राजपूत लोग सदा जान हथेली पर रखे घूमते थे।

जूतियाँ चाटना, जूती चाटना—खुशामद करना ! तुम ही धनवानों की जूतियाँ चाटो, हम तो परमात्मा की कृपा और अपने पुरुषार्थ पर ही भरोसा रखते हैं।

टक्कर लेना—मुकाबला करना। शिवाजी ने औरंगजेब से खूब टक्कर ली।

टपक पड़ना—अकस्मात् आ जाना। कहो भाई अनिल ! आप यहां कहाँ से टपक पड़े !

टाँग अड़ाना—रुकावट डालना। आयोग्य होते हुए भी किसी काम में दखल देना। तुम्हें संस्कृत का ज्ञान तो है नहीं, फिर क्यों विद्वानों की बातों में टाँग अड़ाते हो ?

टेढ़ी उँगली से घी निकालना—चालाकी से काम निकालना। सतीश आसानी से रुपये नहीं लौटाएगा, टेढ़ी उँगली से घी निकालना पड़ेगा।

टेढ़ी खीर—कठिन काम। सुनो औरंगजेब ! मराठों का मुकावला करना तुम्हारे लिए टेढ़ी खीर है।

टोपी उछालना—अपमान करना। बड़ों की टोपी उछालना अच्छा नहीं होता।

ठिकाने लगाना—मारना; नष्ट करना। अमरसिंह राठौर ने कितने ही शत्रुओं को ठिकाने लगा दिया।

डंका बजाना—प्रभाव होना; विजय पाना; प्रसिद्ध होना। सारे संसार में अर्जुन की वीरता का डंका बज गया था।

ठोक-बजाना—भली प्रकार जाँच करना। हमने ठोक बजाकर देख लिया है, इस संसार में कोई किसी का नहीं।

डींग मारना—अपने किसी गुण को बहुत बढ़ा-चढ़ाकर

कहना, शेखी मारना । असली योद्धा डींग नहीं मारते, वे युद्ध में अपनी शक्ति दिखाते हैं ।

डूबती नैया पार लगाना—आपत्ति से छुड़ाना । द्रौपद्री ने मन ही मन भगवान से प्रार्थना की कि हे प्रभु ! डूबती नैया पार लगा दो ।

ढेर करना—मार गिराना । शिवाजी ने अफजल खाँ को वघनखे से पल भर में ढेर कर दिया ।

तलवे चाटना—खुशामद करना । अब तो अफसरों के तलवे चाटने से कुछ नहीं हो सकता, जो ठीक काम करेगा उसी की तरक्की होगी ।

तवे को बूंद—प्रभावहीन होना; शीघ्र समाप्त होना । ऐसी भयंकर वीमारी में पचास रुपये की सहायता कितनी देर तक काम दे सकती थी, वह तो मिलते ही तवे की बूंद होकर रह गए ।

तार टूटना - चलता काम रुकना । पिताजी की मृत्यु के वाद मेरी पढ़ाई का तार टूट गया और मैं एम० ए० न कर सका ।

तिल धरने की जगह न होना—वहुत भीड़ होना । आज सभा में तिल धरने की जगह न थी ।

तिलों में तेल न होना—काम की या कुछ मिलने की आशा न होना । मोहन रामलीला के लिए चंदा नहीं देगा, क्यों इसके पास समय बर्बाद कर रहे हो, इन तिलों में तेल नहीं है ।

तीन-पाँच करना—(सात पाँच करना) हील-हुज्जा करना । यदि तीन-पाँच करोगे तो पिट जाओगे ।

तुल जाना—पूरी तरह तत्पर होना; डट जाना । महारानी लक्ष्मीवाई की प्रेरणा से निराश जनता में भी उत्साह का संचार हुआ और वह भी देश रक्षा के लिए तुल गई ।

तूती बोलना—प्रभाव होना; बात मानी जाना । सदा बलवान या धन वान की ही तूती बोलती है ।

तेवर बदलना—गुस्से में होने के कारण मुंह की आकृति बदलना । प्रधानाध्यापक को तेवर बदलते देखकर सारे विद्यार्थी सहम गए ।

थाह लेना—भेद लेना, पता लगाना । पहले शत्रुओं की थाह लो, फिर लड़ाई छेड़ो ।

दम भरना—पक्ष करना, जिम्मेदारी लेना । आजकल गरीबों का दम भरने वाला कोई नहीं दिखाई देता ।

दाँत खट्टे करना—हराना, नीचा दिखाना । युद्ध में शिवाजी ने औरंगजेब के दाँत खट्टे कर दिए ।

दाँतों तले उँगली दबाना—आश्चर्य-चकित होना । पार्वती की कठोर तपस्या देखकर बड़े-बड़े ऋषि-मुनि भी दाँतों तले उँगली दबाते थे ।

दाल न गलना—कुछ पेश न चलना, काम न बनना । कान्ता ने अपने पति तथा देवर को लड़ाने का प्रयत्न किया, पर उसकी दाल न गली ।

दाहिना हाथ—बहुत सहायक व्यक्ति । लंका के युद्ध में हनुमानजी श्री रामचन्द्र जी के दाहिने हाथ थे ।

दिन में तारे नजर आना—कोई अनहोनी बात होना, किसी घटना से घबरा जाना । आये दिन शिवाजी के छापामार हमलों से औरंगजेब को दिन में तारे नजर आ गए !

दूज का चाँद होना—किसी प्रिय व्यक्ति का बहुत दिनों बाद मिलना । तुम तो दूज के चाँद हो गए हो, कभी मिलते ही नहीं ।

दो कौड़ी का आदमी—तुच्छ आदमी । जिसको तुम दो कौड़ी का आदमी समझते थे वही समय पर काम आया ।

दो टूक उत्तर देना— (कोरा जवाब) स्पष्ट इनकार । मैंने तो चाचा जी को दो टूक उत्तर दे दिया है कि मैं अभी विवाह नहीं करूँगा ।

दो नावों में पैर रखना—दो तरफ ध्यान देना, दो कामों में हाथ डालना । तुम देशभक्त भी बनते हो और अंग्रेजों की चापलूसी भी करते हो, इस तरह दो नावों में पैर रखना उचित नहीं ।

धज्जियाँ उड़ाना—बिलकुल खंडन करना । शास्त्री जी ने नास्तिकों की निस्सार बातों की धज्जियाँ उड़ा दीं ।

धाक जमाना—रौब जमाना, आतंक जमाना । शिवाजी ने अफजलखाँ को मारकर यवनों पर धाक जमा दी ।

धूप में बाल सफेद न करना—अनुभवशून्य न होना । विदुर जी ने दुनिया देखी थी, धूप में बाल सफेद न किये थे ।

धूमधाम—समारोह, रौनक । मोहन ने अपनी लड़की का विवाह बड़ी धूमधाम से किया ।

धूलभरा हीरा—मिट्टी में खेलने कूदने वाला होनहार बच्चा, प्रिय पुत्र । अपने धूल भरे हीरे ही तो देश के भावी कर्णधार हैं ।

नमक मिर्च लगाना—बात को बढ़ा-चढ़ाकर कहना । राजा मानसिंह ने अकबर के आगे खूब नमक-मिर्च लगाकर राणा प्रताप की शिकायत की ।

नाक कटना—मान नष्ट होना । चोखेलाल ने यह सोचा कि यदि लड़की का विवाह धूमधाम से न किया तो बिरादरी में नाक कट जाएगी ।

नाक रखना—इज्जत बचा लेना । हमारे स्कूल के एक छात्र रमेश ने भी अच्छे प्राप्तांकों के आधार पर छात्रवृत्ति प्राप्त करके हमारे स्कूल की नाक रख ली ।

नाकों चने चबाना—खूब तंग करना । छत्रसाल ने दिन-रात

हमले करके यवन सूबेदार को नाकों चने चबा दिए ।

निन्यानवे का फेर—जोड़ने की चिन्ता, रुपये की चिन्ता । जितेन्द्र ऐसा निन्यानवे के फेर में पड़ा है कि कमाई की धुन में अपने स्वास्थ्य का भी ध्यान नहीं देता ।

नीचा दिखाना—हराना, अपमानित करना । पाण्डवों को नीचा दिखाना ही दुर्योधन की दिली मंशा थी ।

नौ-दो ग्यारह होना—भाग जाना । पुलिस को देखकर चोर नौ-दो ग्यारह हो गए ।

पगड़ी उछालना,, पगड़ी उतारना—अपमान करना । देखो जी, बड़ों की पगड़ी मत उछाला करो ।

पगड़ी संभालना—आत्माभिमान की रक्षा करना । स्वाभिमानी व्यक्ति हानि उठाकर भी अपनी पगड़ी को सँभालता है ।

पट्टी पढ़ाना—उलटी सलाह देकर सहमत कर लेना, बहका लेना । मन्थरा ने कैकेयी को ऐसी पट्टी पढ़ाई की उसने दो वर माँग ही लिए ।

पतलून से बाहर होना, आपे से बाहर आना—क्रोध में आना । सिपाही ने साईकिल वाले से कहा—तुम स्वयं ही पतलून से बाहर हुए जा रहे हो ।

पर लगना—चालाक होना । मोहन की लाटरी क्या खुली उसे तो पर लग गये ।

पसीना-पसीना होना—घबरा जाना, बहुत थक जाना । छापामार दस्ते के आगे जब दुकान के नौकर ने मसालों में मिलावट करने का राज खोल दिया तो दुकानदार पसीना-पसीना हो गया । कुछ दूर चलने पर शान्ता पसीने-पसीने हो गई ।

पहाड़ से टक्कर लेना—बहुत शक्तिशाली का मुकाबला करना । उन दिनों अंग्रेजों से लड़ना मानो पहाड़ से टक्कर लेना था ।

रुपया पानी की तरह बहाना—लापरवाही से खर्च करना। चुनाव जीतने के लिए रुपया पानी की तरह बहाना पड़ता है।

पानी-पानी होना—लज्जित होना। भरत की फटकार सुनकर कैकेयी पानी-पानी हो गई।

पानी में आग लगाना—क्रुद्ध न होने वाले को भी क्रुद्ध कर देना; असंभव काम कर दिखाना। मोहन और सोहन दोनों भाइयों में विरोध पैदा करने के लिए देवेन्द्र ने ही पानी में आग लगाई।

पापड़ बेलना—निर्वाह के लिए या विवशता-वश कई तरह के कड़े परिश्रम के काम करना। साधुसिंह ने तो जिंदगी-भर पापड ही बेले।

पिष्ट-पेषण करना—अच्छी तरह कही हुई बात को फिर कहना। अध्यापक ने कहा—पिष्ट-पेषण करने का कोई लाभ नही जितना तुम्हें बतलाया है उतना ही पर्याप्त है।

पीठ ठोकना—साहस बँधाना। राजपूत सरदार ने पुत्र की पीठ ठोंककर कहा—जाओ, तुम्हारी जीत होगी।

पीठ दिखाना—युद्ध में हारकर भाग जाना। सिंहगढ़ के युद्ध में यवन-सेना ने पीठ दिखा दी।

पेट का हल्का—बात को छिपाकर न रख सकने वाला। कुमार को रहस्य की बात न बतलाया करो, वह पेट का हल्का है।

पौ बारह—बहुत लाभ। कपड़े का परमिट मिलने से बाबूलाल के पौ-बारह हो गए।

फूंक-फूंककर कदम रखना—बहुत सावधानी से काम लेना। सत्येन्द्र अब पहले की तरह फिजूल खर्च नहीं करता। अब बहुत फूंक-फूंककर कदम रखता है।

फूला न समाना—बहुत प्रसन्न होना। भाषण-प्रतियोगिता

में कान्ता जीत गई तो उसकी अध्यापिका फूली न समाई।

बगलें झाँकना—कुछ उत्तर न बन पड़ना। स्वामी ने जब आभूषणों की पिटारी के बारे में पूछा तो वेताल बगलें झाँकने लगा।

बड़े घर की हवा खाना—कैद होना, जेल जाना। फिर चोरी करोगे तो बड़े घर की हवा खाओगे।

बन्दर घुड़की—दिखावे की धमकी। स्वाधीनता के पुजारी अंग्रेजी सरकार की बन्दर घुड़कियों से डरने वाले न थे।

बबूल बोकर आमों की आशा करना—बुरे काम करके अच्छे फल की आशा करना। जो व्यक्ति दूसरों की निन्दा करते हैं और यह चाहते हैं कि लोग उनकी प्रशंसा करें, वे बबूल बोकर आमों की आशा करते हैं।

बरस पड़ना—क्रुद्ध होकर डाँटना। बहू की अनुचित बात सुनकर सास उस पर बरस पड़ी।

बहती गंगा में हाथ धोना—मौके से लाभ उठाना। यहाँ उपनिषदों की कथा होती है, तुम भी बहती गंगा में हाथ धो लो।

बायें हाथ का खेल—साधारण बात, आसान काम। समुद्र को पार कर जाना हनुमान जी के लिए बायें हाथ का खेल था।

बाल की खाल निकालना (उतारना)—सूक्ष्म तर्क (या विवेचना) करना। वकील लोग तो बाल की खाल उतारा करते हैं।

बीड़ा उठाना—जिम्मेदारी लेना। छत्रसाल ने स्वतन्त्र राज्य स्थापित करने का बीड़ा उठा लिया।

बोलबाला होना—प्रसिद्धि या मान या प्रभाव होना। स्वतन्त्रता-प्राप्ति के तीस वर्ष बाद तक भी भारत में कांग्रेस का ही बोलबाला रहा।

भंडा फोड़ना—रहस्य प्रकट कर देना। कोई असली बात बतलाता नहीं था, किन्तु सुधीर ने भंडा फोड़ दिया।

भाड़ झोंकना—व्यर्थ समय खोना। तुम व्याकरण पढ़ते रहे हो या भाड़ झोंकते रहे हो। तुम्हें संज्ञा और क्रिया के भेद का भी पता नहीं।

भाड़े का टट्टू—पैसे लेकर या खाने की वस्तु खाकर काम करने वाला। इनमें सच्चा देशभक्त कोई भी नहीं सब भाड़े के टट्टू हैं।

मक्खियाँ मारना– निकम्मा रहना। सारा दिन मक्खियाँ मारकर न बिता दिया करो, कुछ काम भी किया करो।

मन के लड्डू (मोदक) फोड़ना - मनोरथ वनाना। अच्छी तरह तैयारी करो, मन के लड्डू फोड़ने से पास नहीं हो जाओगे।

मन मारना –मन को काबू में करना, इच्छा रोकना, निराश होना। मन को मारे बिना कोई सच्चा साधु नहीं हो सकता।

माथा ठनकना—आशंका होना। हम लोगों का पहले ही माथा ठनक गया था कि जगदीश विवाह के इस प्रस्ताव को नहीं मानेगा।

मिट्टी का माधो—निरा मूर्ख। सारे अध्यापक अमरसिंह को मिट्टी का माधो समझते थे।

मुँह की खाना– हारना। औरंगजेब ने शिवाजी पर कई बार चढ़ाई की, पर सदा उसे मुँह की खानी पड़ी।

मुँह ताकना, मुँह देखना—किसी का सहारा लेना, लिहाज करना। प्रत्येक काम में दूसरों का मुँह ताकना अच्छा नहीं होता।

मुँह पर हवाइयाँ उड़ना—भय या लज्जा के कारण मुँह की रंगत बदल जाना, डरना। मोहन नकल कर रहा था। जब

सुपरिन्टेण्डेंट ने उसे देख लिया तो उसके मुँह पर हवाइयाँ उड़ने लगीं।

मुँह फिरना—हारना, मुँह टेढ़ा होना। हिन्दू सेना के एक ही हमले से शत्रु की सेना का मुँह फिर गया। रोग से उसका मुँह फिर गया है।

मुँह में पानी भर आना—ललचाना। रिश्वत की मोटी रकम देखकर ईमानदार अफसर के भी मुँह में पानी भर आता है।

मुँह लगाना—ढील देकर उद्दण्ड बनाना। जो लोग नौकरों को मुँह लगा लेते हैं उन्हें बाद में बड़ी कठिनाई होती है।

मुट्ठी गरम करना—रिश्वत देना। कचहरी में क्लर्कों की मुट्ठी गरम किये विना काम नहीं बनता।

रंग उड़ना—हैरान होना, डर जाना। शेर को देखते ही उसके चेहरे का रंग उड़ गया।

रंग चढ़ना—असर होना। उन दिनों लाखों लोगों पर संघ का रंग चढ़ गया था।

रंग में भंग पड़ना—अच्छी या खुशी की वात में विघ्न पड़ना। मैच शुरू ही हुआ था कि वर्षा होने से रंग में भंग पड़ गया।

राई का पहाड़ बनाना—जरा-सी बात को वहुत बढ़ा देना। कृष्ण तो हँसी कर रहा था, किन्तु सतीश ने राई का पहाड़ बना दिया।

रास्ता नापना—चले जाना, भाग चलना। तुम यहाँ क्यों खड़ हो ? अपना रास्ता नापो।

रुपया पानी में डालना—निकम्मी वस्तु मोल लेना, व्यर्थ खर्च करना। टूटा-फूटा मकान खरीदकर तुमने रुपया पानी में डाल दिया।

रोड़ा अटकाना—बाधा डालना। प्रशान्त को नौकरी मिल जाती, पर सरला ने रोड़ा अटका दिया।

लंका दाह (लंका कांड)—सब कुछ नष्ट होना; जल जाना। इस व्यापार में हमारा सारा धन लंकादाह हो गया है।

लकीर का फकीर होना—किसी की बताई बात को पूरी तरह करना, पुराने रीति-रिवाज को पूरी तरह अपनाना। बिहारीलाल लकीर का फकीर है, वह अपने पुत्र के विवाह में सारी पुरानी रस्में करेगा।

लम्बी तानना—निश्चिन्त होकर सोना। परीक्षा सिर पर है और तू लम्बी तानकर सो रहा है !

लहू के घूँट पीकर रह जाना—गुस्से को दबाकर रह जाना। द्रौपदी का अपमान होते देखकर भीमसेन लहू के घूंट पीकर रह गया।

लहू-पसीना एक करना - बहुत परिश्रम करना। ओंकार ने इतना धन लहू-पसीना एक करके कमाया है।

लंगोटिया यार—बचपन का साथी। कलकत्ता में अचानक मुझे मेरा एक लंगोटिया यार मिल गया।

लाल-पीला होना—क्रुद्ध होना। तुम्हारी अपनी गलती है, क्यों व्यर्थ लाल-पीले होते हो ?

लुटिया डुबोना—सारा काम बिगाड़ देना, अयोग्य सिद्ध होना। हमने तो समझा था कि सरला जीतकर आएगी, पर उसने तो लुटिया ही डुबो दी।

लेने के देने पड़ जाना—लाभ के बदले हानि होना। रूस पर आक्रमण करके हिटलर को लेने के देने पड़ गये।

लोहा मानना—बलवान मानना। कौरव सेना अर्जुन का लोहा मानती थी।

लोहा लेना—युद्ध करना। हरीसिंह नलवा से लोहा लेने

वाले योद्धा बहुत थोड़े थे।

लोहे के चने चबाना—बहुत कठिन काम करना। शास्त्री परीक्षा पास करना, लोहे के चने चबाना है।

विष उगलना—कठोर वचन बोलना। सास का ताना सुन-कर बहू ने भी विष उगलना आरम्भ कर दिया।

शेर के कान कतरना—शैतान के कान काटना—बहुत चालाक होना। जितेन्द्र को कौन धोखा दे सकता है, वह तो शेर के कान कतरता है।

श्रीगणेश करना—आरम्भ करना। हमने आज ही दुकान का श्रीगणेश किया है।

सफेद हाथी होना—खर्च की दृष्टि से तो बहुत बोझा होना, पर उपयोग कुछ न होना। आजकल कई अफसर सफेद हाथी हो रहे हैं।

सात घाट का पानी पीना—बहुत अनुभवी तथा चालाक होना। इस बुढ़िया ने सात घाट का पानी पिया हुआ है, तुम्हारी बातों में नहीं आएगी।

सिक्का बैठाना (जमाना)—प्रभाव या धाक जमाना। कश्मीर के युद्ध में हमारे सैनिकों का सिक्का जम गया।

सितारा चमकना—भाग्य अच्छा होना। पहली जीत होते ही रणजीतसिंह का सितारा चमक गया।

सिर आँखों के बल जाना—बहुत आदर-मान, आवभगत या स्नेह करना। जनकपुरी के लोग राम-लक्ष्मण को देखने के लिए सिर-आँखों के बल जाते थे।

सिर उठाना—विरोध में उठना। सरदार ने कहा—जिस देशद्रोही ने सिर उठाया, उसे ही कुचल दिया जायगा।

सिर ऊँचा रहना—जीत होना, मान होना। निरन्तर कई ओलंपिकों में हॉकी की खेल में भारत का सिर ऊँचा रहा।

सत्यवादी का सिर सदा ऊँचा रहता है।

सिर खाना—बहुत बातें करके या शोर करके तंग करना। किशोरी ने साड़ी लाने के लिए सुबह से सिर खा रखा है।

सिर चढ़ाना—सिर पर चढ़ाना, उद्दण्डता के लिए खुली छुट्टी देना; गुस्ताख बनाना। दादी ने कान्ता को बहुत सिर चढ़ा रखा है।

हथियार डालना—हार मानना। ताकतवर के सामने कमजोर व्यक्ति को हथियार डाल देना पड़ता है।

हवा बदलना—भाग्य बदलना। सुरेश की लाटरी क्या निकली उसकी तो हवा ही बदल गई।

हवा हो जाना—तेज दौड़ना। महाराणा प्रताप को घायल देखकर उसका स्वामिभक्त घोड़ा चेतक उनको लेकर हवा हो गया।

हाथ उठाना—मारना-पीटना। छोटी-छोटी बातों पर बच्चों पर हाथ नहीं उठाना चाहिए।

हाथ तंग होना—पैसा पास न होना। महीने का आखिरी हफ्ता आते-आते नौकरी-पेशा आदमी का अक्सर हाथ तंग हो जाता है।

हाथ धोकर पीछे पड़ना—बुरी तरह पीछे पड़ना। मुहम्मद गजनवी पृथ्वीराज के पीछे हाथ धोकर पड़ गया था।

हाथ-पाँव फूलना—डर से घबरा जाना। सुरेश ने पहले तो पढ़ने में मन नहीं लगाया, अब परीक्षा पास देखकर उसके हाथ-पाँव फूल गए हैं।

○○○